HMH

expresiones en matemáticas

Dra. Karen C. Fuson

Observa cómo cobra vida el caballito de mar en su mundo acuático a medida que descubres y resuelves retos matemáticos.

Descarga la aplicación *Math Worlds AR* disponible para dispositivos Android o iOs.

Grado K

Volumen 2

This material is based upon work supported by the
National Science Foundation
under Grant Numbers
ESI-9816320, REC-9806020, and RED-935373.

Any opinions, findings, and conclusions, or recommendations expressed in this material are those of the author and do not necessarily reflect the views of the National Science Foundation.

Printed in the U.S.A.

ISBN 978-1-328-51959-7

15 2026

4500927673 A B C D E F G

Unidad 4 | Partes, dibujos de problemas y decenas

LA GRAN IDEA 1 - Problemas y ecuaciones

LA GRAN IDEA 2 - Practicar con comparación

LA GRAN IDEA 3 - Ecuaciones y números del 11 al 19

LA GRAN IDEA 4 - Ecuaciones para partes

Consolidación de conceptos

LA GRAN IDEA 1 - Más partes de 10

LA GRAN IDEA 2 - Números del 1 al 100

LA GRAN IDEA 3 - Más números del 11 al 19 y partes

LA GRAN IDEA 4 - Más problemas matemáticos y ecuaciones

Recursos del estudiante

Dear Family:

Ask your child about our pretend grocery store at school! Children will be using the groceries from this pretend store to create addition and subtraction story problems, such as the following:

There are 3 bananas in this bunch and 4 bananas in the other bunch. How many bananas are there in all?

You and your child can create similar story problems with groceries in your own kitchen. When doing so, you may need to help your child say the question at the end of the story problem.

Addition example:
There are 5 cans on the top shelf. There are 4 cans on the bottom shelf. How many cans are there?

Subtraction example:
There are 10 eggs in the carton. If we cook 3 eggs, how many eggs are left in the carton?

It is not necessary to solve all of the story problems. Learning to visualize the situation and state the story problem are both important tasks, even without solving. Asking questions different ways is also helpful.

Have fun!

Sincerely,
Your child's teacher

Estimada familia:

¡Pregunte a su niño por la tiendita que tenemos en la escuela! Los niños van a usar los comestibles de la tiendita para crear problemas de suma y resta, como los siguientes:

> *Hay 3 plátanos en este racimo y 4 plátanos en el otro. ¿Cuántos plátanos hay en total?*

Usted y su niño pueden formular problemas parecidos con los comestibles que tengan en su cocina. Al hacerlo, tal vez tenga que ayudar a su niño a formular la pregunta del final del problema.

> Ejemplo de suma:
> *Hay 5 latas en el estante superior. Hay 4 latas en el estante inferior. ¿Cuántas latas hay?*
>
> Ejemplo de resta:
> *Hay 10 huevos en la caja. Si usamos 3 huevos, ¿cuántos huevos quedan en la caja?*

No es necesario resolver todos los problemas. Aprender a visualizar la situación y a formular el problema son destrezas importantes, aun si los problemas no se resuelven. Formular preguntas de distintas maneras también es de mucha ayuda.

¡Que se diviertan!

Atentamente,
El maestro de su niño

cono	cilindro
esquina	ecuación
cubo	cara

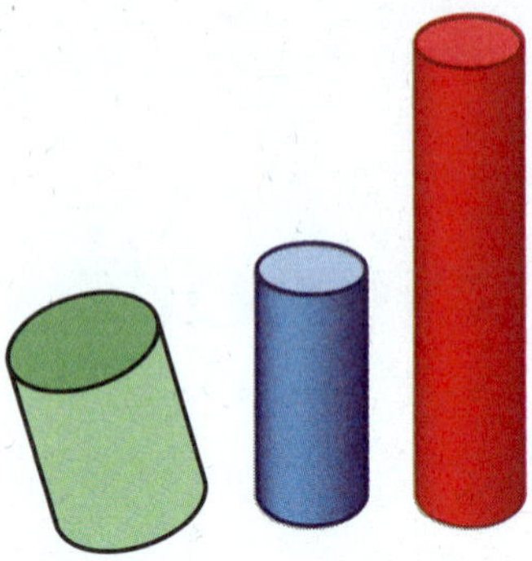

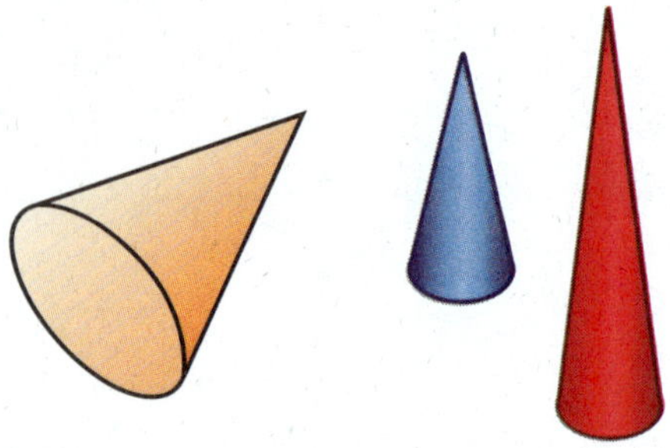

$4+3=7$ $\quad 7=4+3$

$9-5=4$ $\quad 4=9-5$

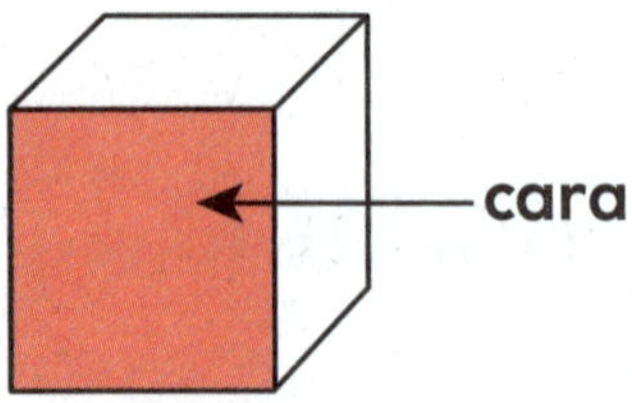

figuras planas	rodar
mayor que	figuras geométricas
menor que	esfera

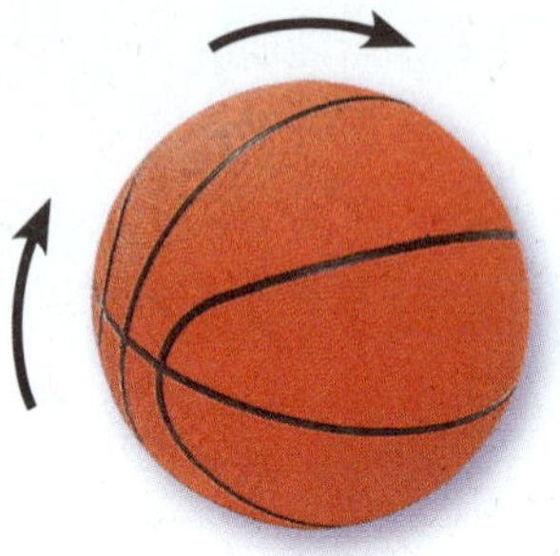

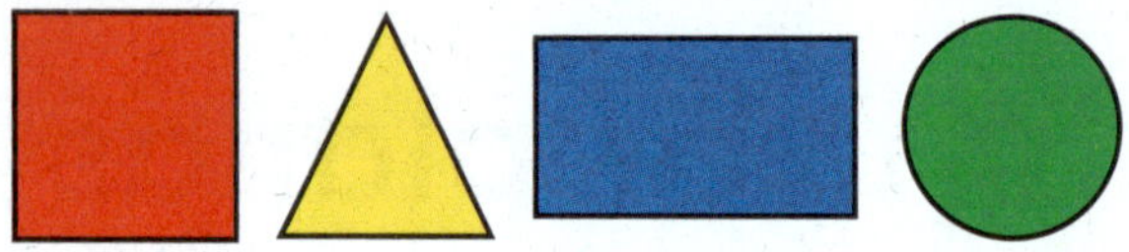

9 es **mayor que** 6.

9 es **menor que** 11.

apilar	figuras bidimensionales
problema	
figuras tridimensionales	

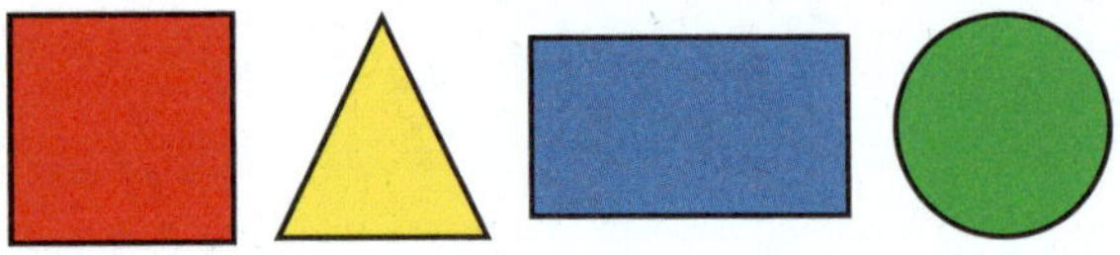

Hay 2 conejos en el jardín.

Luego llegan 3 conejos más.

¿Cuántos conejos hay en total?

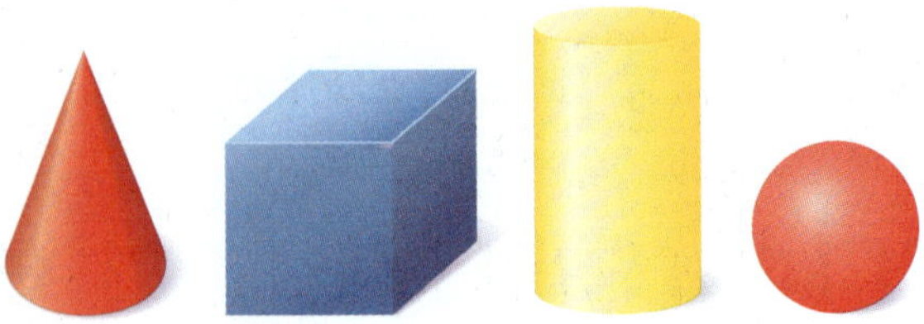

Nombre ______________________________

El Pingüino Confundido contó las cerezas.

Mira lo que escribió.

Ayuda al Pingüino Confundido.

14 cerezas

_____ cerezas

Comprobar la comprensión

MAESTRO: Expliquen una forma de clasificar estos objetos.

Corta por las líneas punteadas.

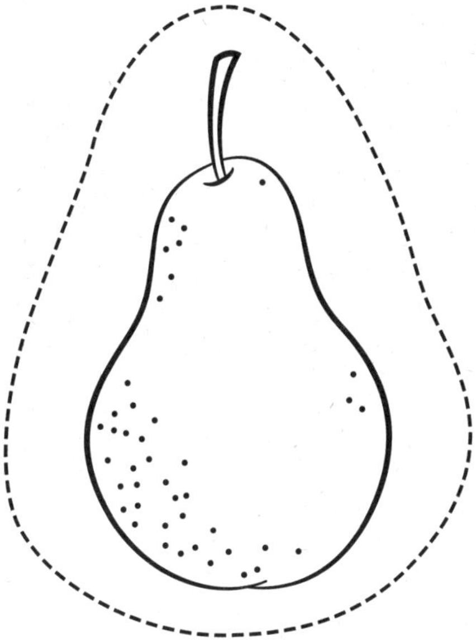

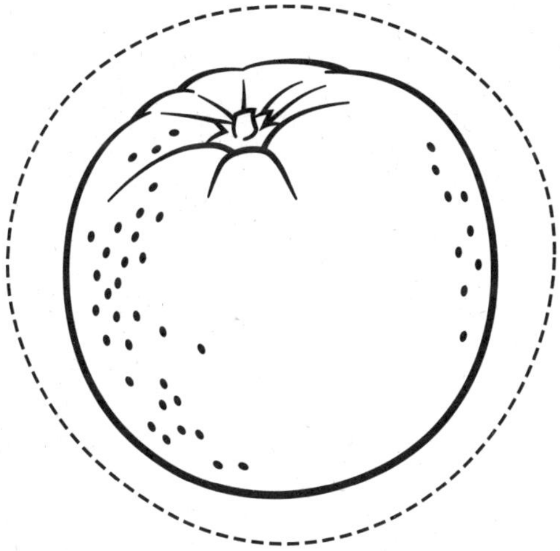

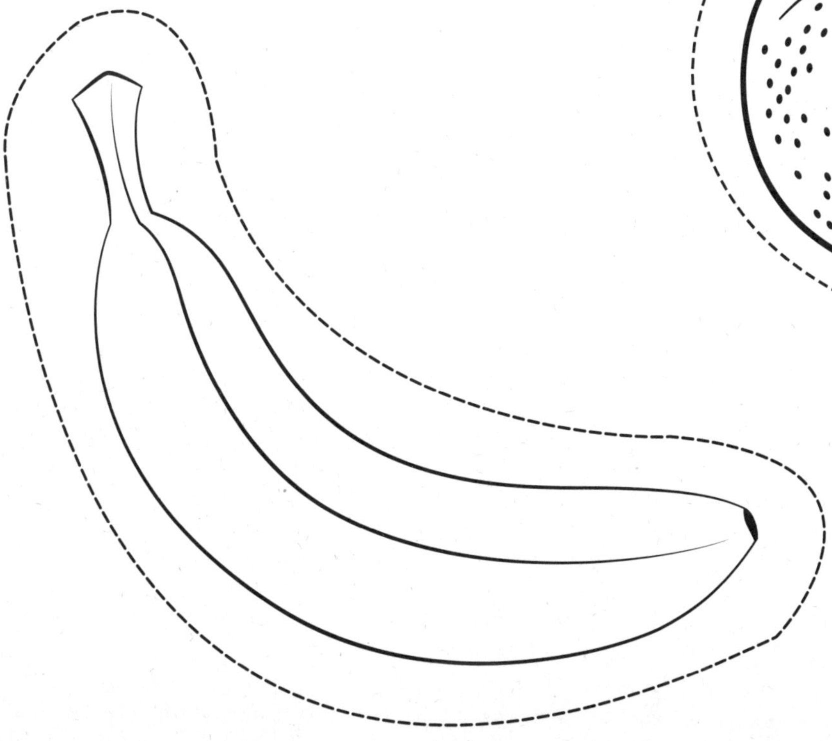

Corta por las líneas punteadas.

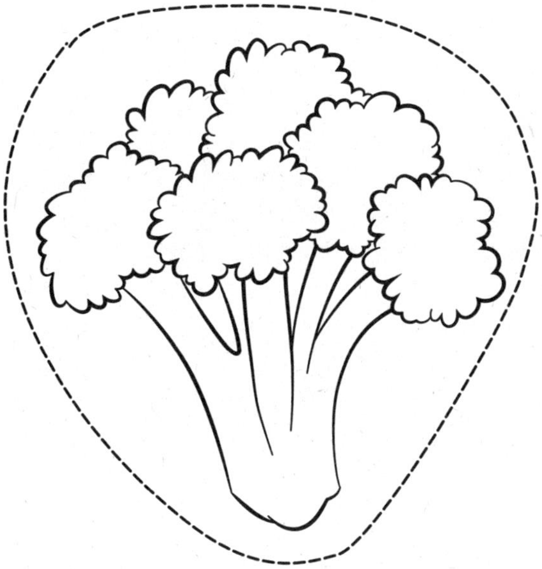

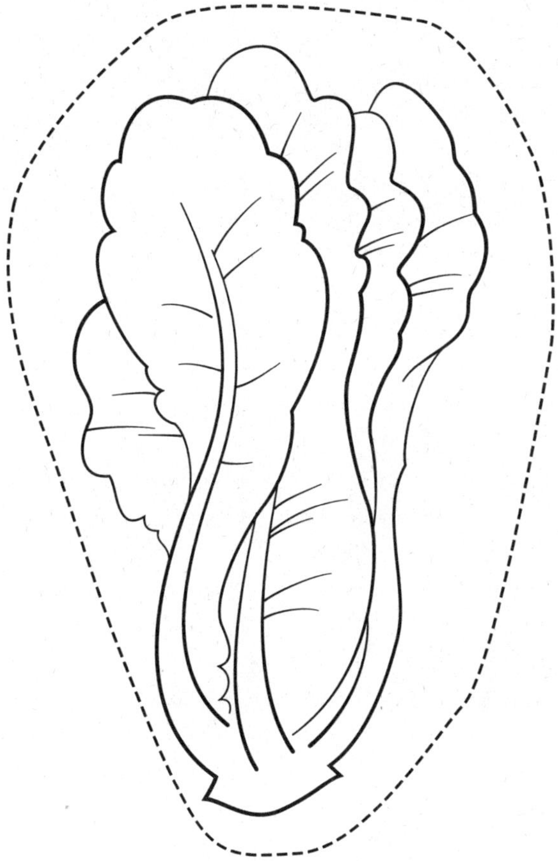

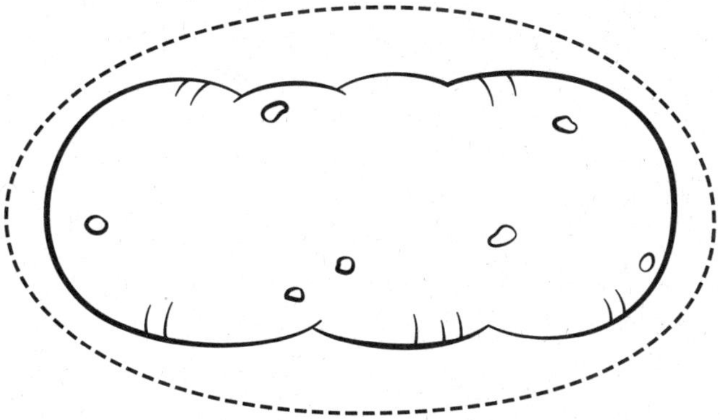

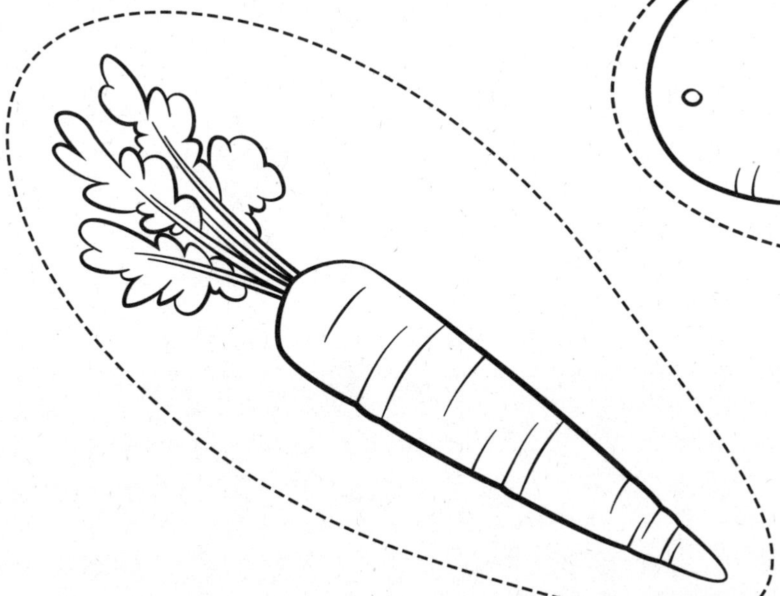

Nombre ____________________________

1 Dibuja una línea para mostrar las partes. Luego escribe las partes.

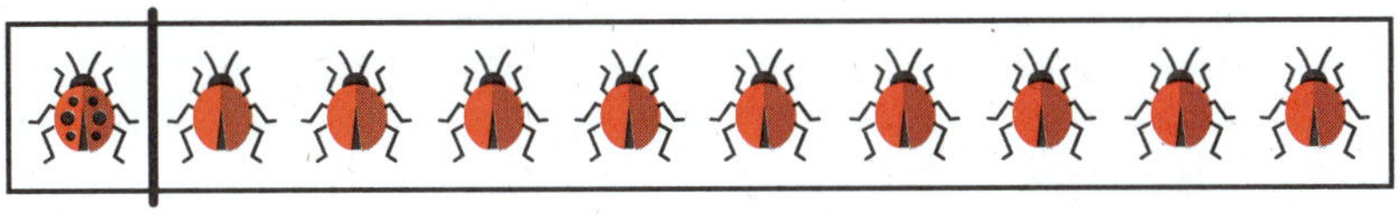

10 = ☐ + ☐

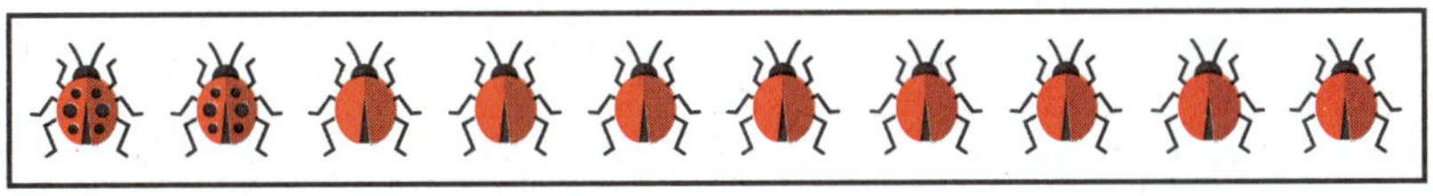

10 = ☐ + ☐

10 = ☐ + ☐

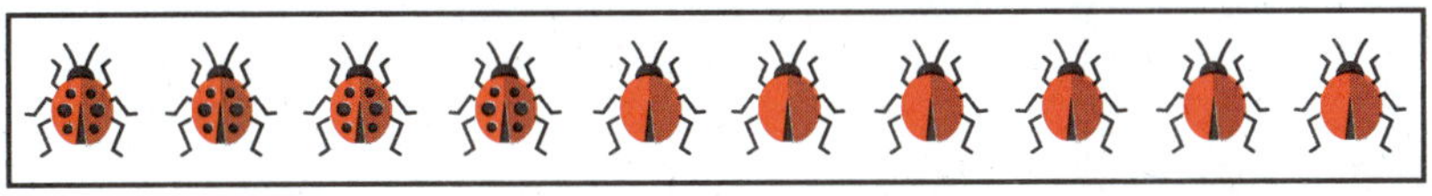

10 = ☐ + ☐

10 = ☐ + ☐

10 = ☐ + ☐

10 = ☐ + ☐

10 = ☐ + ☐

10 = ☐ + ☐

2 Dibuja una línea para mostrar las partes; luego escribe las partes.
Comienza con $9 + 1$.

$10 = \square + \square$

$10 = \square + \square$

$10 = \square + \square$

$10 = \square + \square$

$10 = \square + \square$

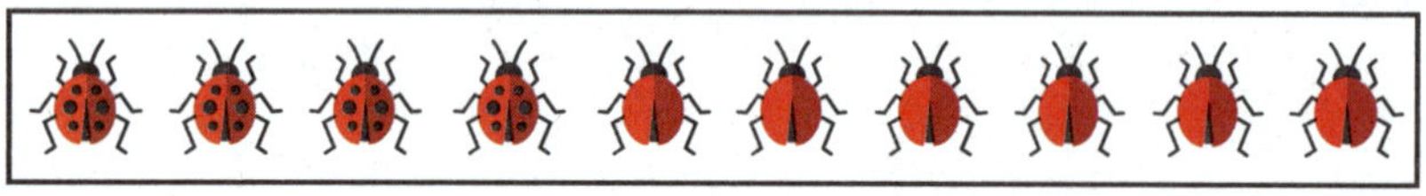

$10 = \square + \square$

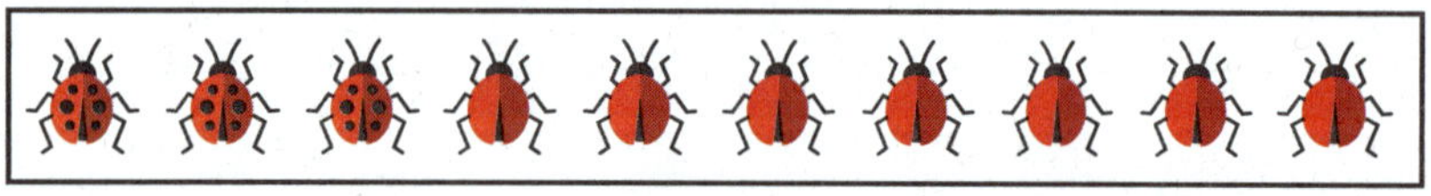

$10 = \square + \square$

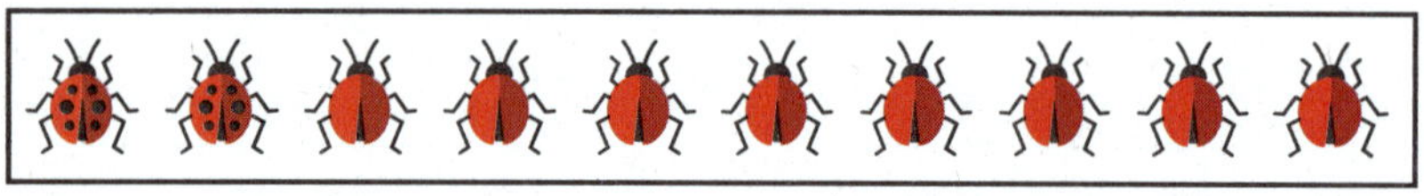

$10 = \square + \square$

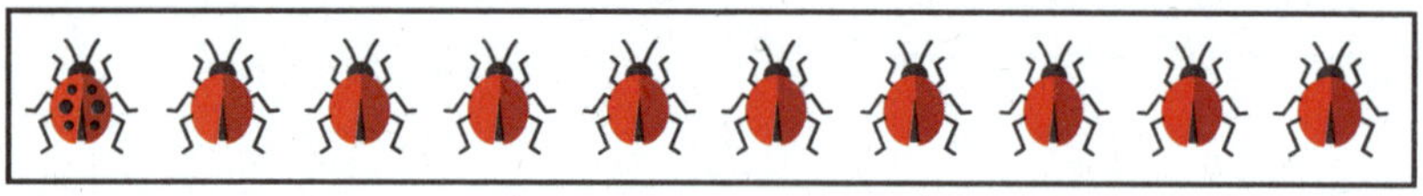

$10 = \square + \square$

Comprobar la comprensión

MAESTRO: Dibujen objetos para mostrar las partes de 7.

Conjunto A

$11 = 10 + 1$	$12 = 10 + 2$	$13 = 10 + 3$	$14 = 10 + 4$	$15 = 10 + 5$
$16 = 10 + 6$	$17 = 10 + 7$	$18 = 10 + 8$	$19 = 10 + 9$	$20 = 10 + 10$

Conjunto B

$10 + 1 = 11$	$10 + 2 = 12$	$10 + 3 = 13$	$10 + 4 = 14$	$10 + 5 = 15$
$10 + 6 = 16$	$10 + 7 = 17$	$10 + 8 = 18$	$10 + 9 = 19$	$10 + 10 = 20$

Nombre ____

1 Muestra las partes con los dedos. Luego escribe el total.

$10 + 1 = \square$

$10 + 2 = \square$

$10 + 3 = \square$

$10 + 4 = \square$

$10 + 5 = \square$

$10 + 6 = \square$

$10 + 7 = \square$

$10 + 8 = \square$

$10 + 9 = \square$

2 Escribe los números del 1 al 20.

3 Haz un dibujo para mostrar 10 unidades y 2 unidades.

VOCABULARIO
ecuación

4 Camino al conocimiento Resta los números. Usa tus dedos o haz un dibujo.

$3 - 2 = \square$	$5 - 5 = \square$	$2 - 2 = \square$
$4 - 1 = \square$	$4 - 3 = \square$	$3 - 1 = \square$
$3 - 3 = \square$	$5 - 2 = \square$	$4 - 3 = \square$
$5 - 0 = \square$	$4 - 2 = \square$	$3 - 0 = \square$
$2 - 1 = \square$	$5 - 4 = \square$	$5 - 3 = \square$

5 Elige una **ecuación**. Haz un dibujo para mostrar la resta. Escribe la ecuación.

Comprobar la comprensión

MAESTRO: Dibujen una manera de mostrar el número 17.

Nombre ____________________

1 Observa las partes. Completa las ecuaciones.

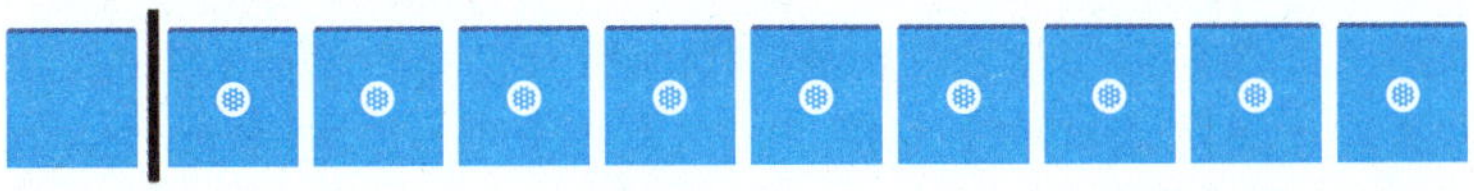

$10 = \square + \square$

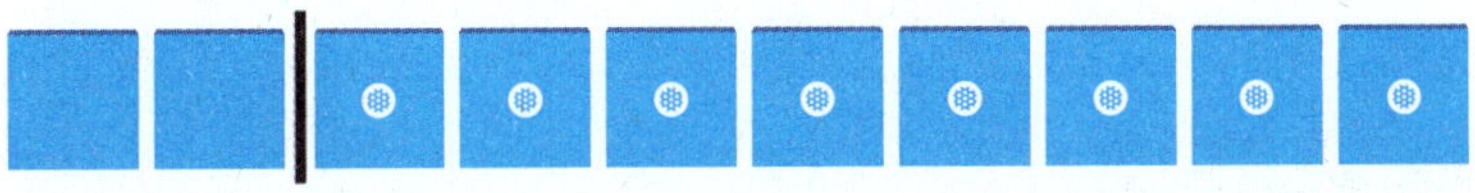

$10 = \square + \square$

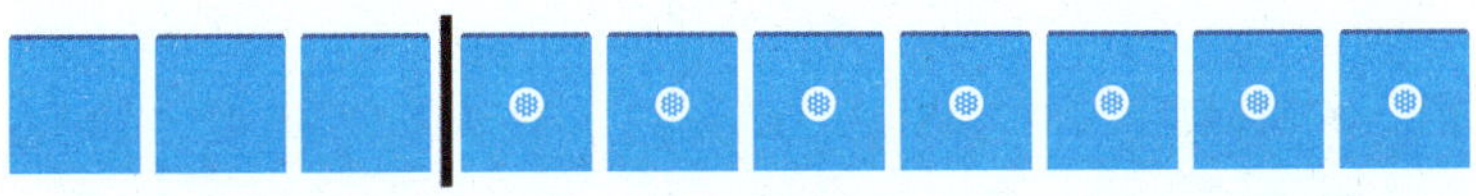

$10 = \square + \square$

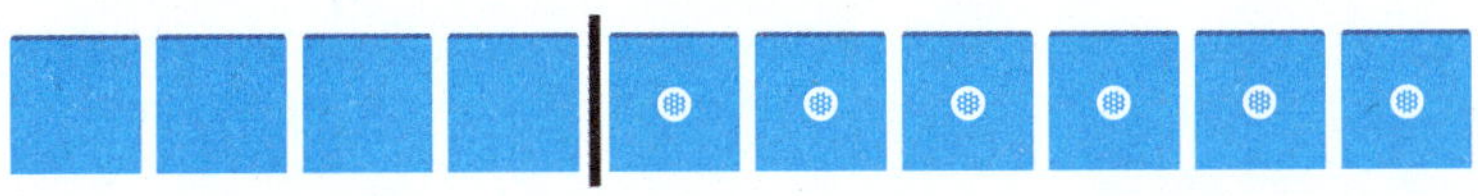

$10 = \square + \square$

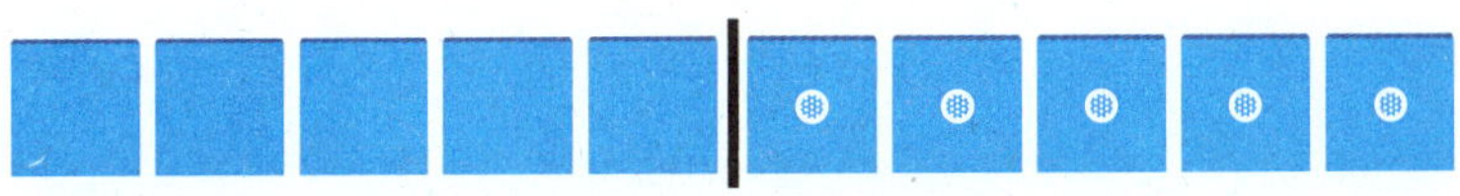

$10 = \square + \square$

$10 = \square + \square$

$10 = \square + \square$

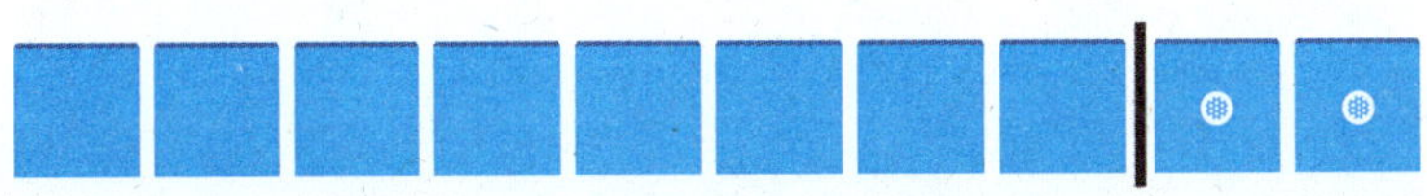

$10 = \square + \square$

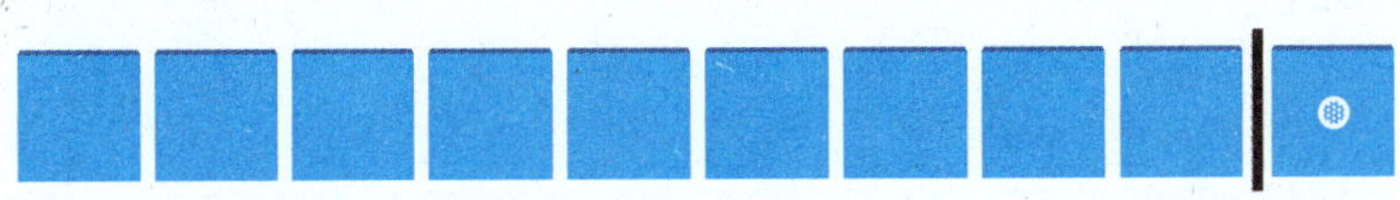

$10 = \square + \square$

2 Observa las partes. Completa las ecuaciones.

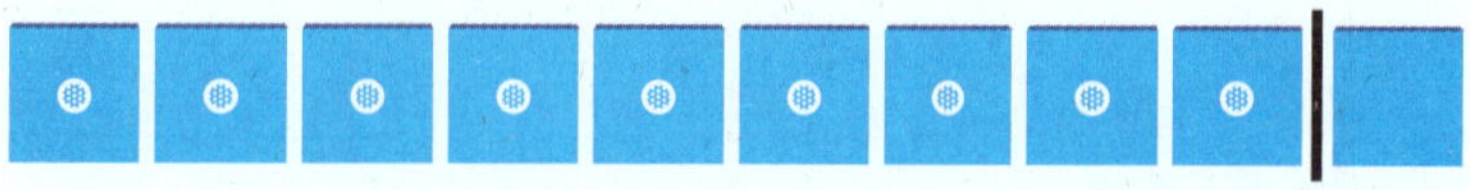

$10 = \square + \square$

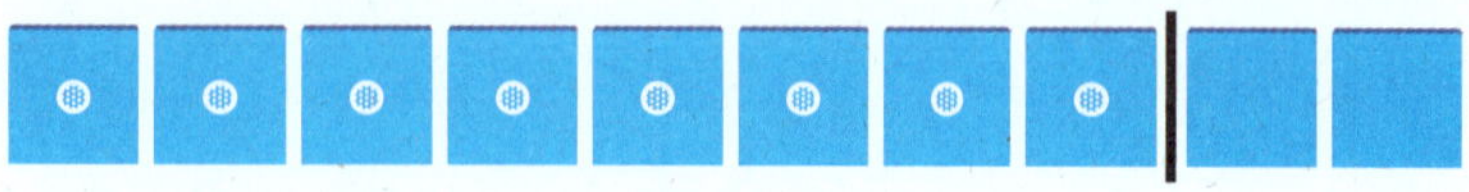

$10 = \square + \square$

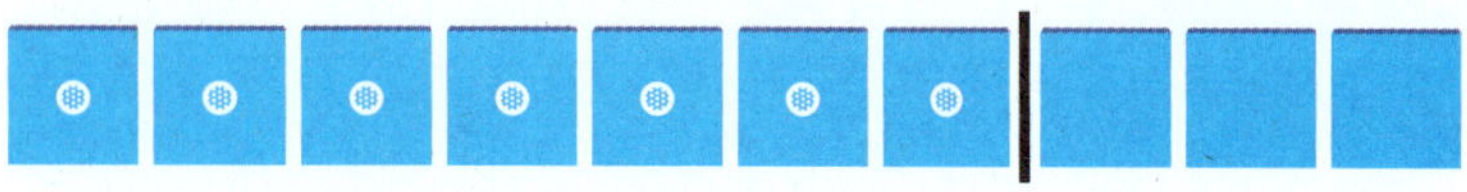

$10 = \square + \square$

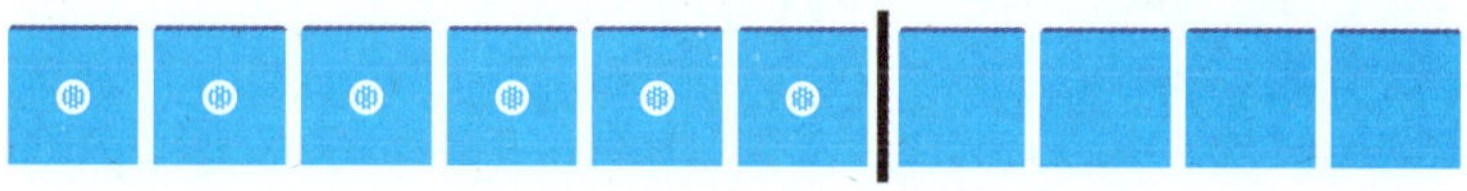

$10 = \square + \square$

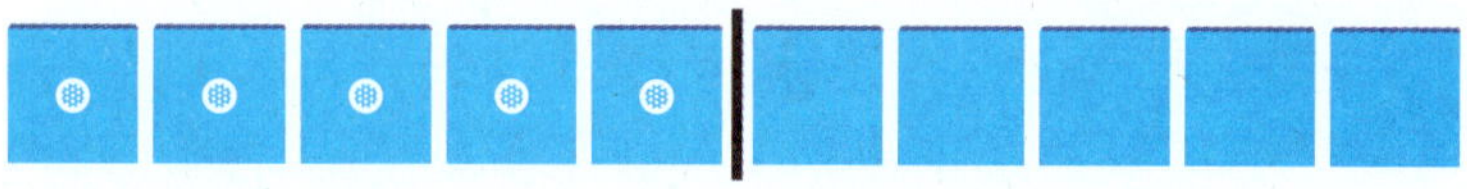

$10 = \square + \square$

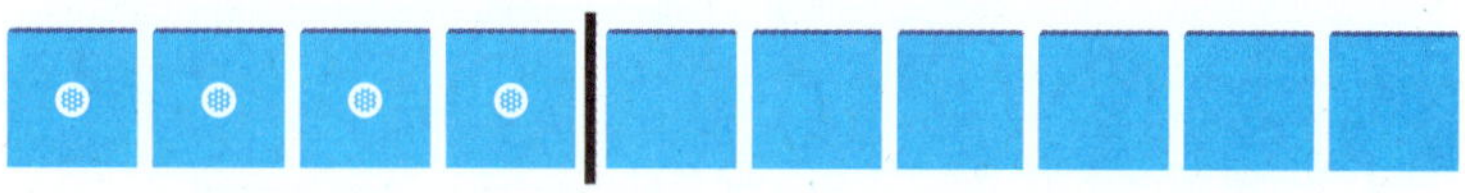

$10 = \square + \square$

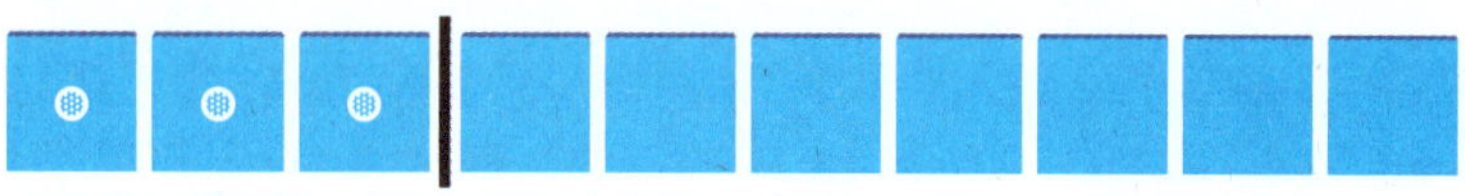

$10 = \square + \square$

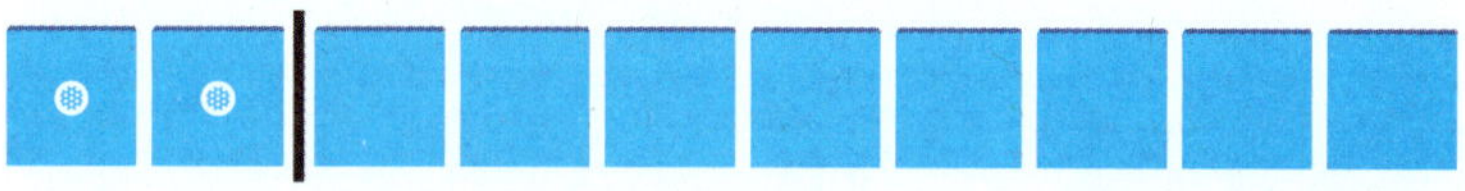

$10 = \square + \square$

$10 = \square + \square$

Comprobar la comprensión

MAESTRO: Escuchen este problema y resuelvan: *Cuatro niños están clasificando frutas para el mostrador del supermercado. Un niño se va. ¿Cuántos niños quedan para clasificar las frutas?*

$\square$ niños

Comprobar el conocimiento 1

Nombre ______________________ Fecha ______________________

Camino al conocimiento

Suma los números.

1. $0 + 1 = \square$

2. $1 + 2 = \square$

3. $1 + 3 = \square$

4. $2 + 0 = \square$

5. $3 + 2 = \square$

6. $4 + 1 = \square$

7. $1 + 1 = \square$

8. $2 + 2 = \square$

9. $0 + 3 = \square$

10. $2 + 1 = \square$

Comprobar el conocimiento 1

Nombre ______________________ Fecha ______

Camino al conocimiento

Resta los números.

11. $1 - 1 = \square$

12. $2 - 1 = \square$

13. $4 - 2 = \square$

14. $5 - 2 = \square$

15. $3 - 2 = \square$

16. $4 - 3 = \square$

17. $2 - 0 = \square$

18. $5 - 1 = \square$

19. $4 - 1 = \square$

20. $5 - 5 = \square$

Dear Family:

Throughout the year, your child will be learning how to "break apart" numbers. For example, 6 equals 5 and 1, 4 and 2, and 3 and 3. We call two numbers that add up to a number the *partners* of the number.

To strengthen your child's understanding of these concepts, you can play *The Unknown Partner Game* with him or her. The game is played as follows:

Put out 5 objects such as buttons or crackers. Count them together. Have your child cover his or her eyes while you take a partner away. Ask your child to tell you the missing amount. Now it is your turn to close your eyes!

You can play this game again and again, starting with a different total each time. Start with 5 first (because it is easiest), and then move on to 6, 7, 8, 9, and 10.

Thank you!

Sincerely,
Your child's teacher

Estimada familia:

Durante todo el año su niño aprenderá a "separar" números. Por ejemplo, 6 es igual a 5 más 1, 4 más 2, y 3 más 3. A dos números que sumados dan como resultado otro número los llamamos *partes* del número.

Puede jugar al juego de las partes desconocidas con su niño para reforzar estas ideas. Se juega de esta manera:

Coloque en algún lugar 5 objetos, como botones o galletas. Cuéntenlos juntos. Pida a su niño que se tape los ojos mientras Ud. quita una parte. Pida a su niño que diga la cantidad que falta. ¡Ahora es su turno de cerrar los ojos!

Jueguen varias veces, siempre empezando con un total diferente. Empiecen con 5 (por ser el más fácil) y sigan con 6, 7, 8, 9 y 10.

¡Gracias!

Atentamente,
El maestro de su niño

Nombre ______________________

Colorea los cuadrados para mostrar el número. Luego completa la ecuación.

1 13

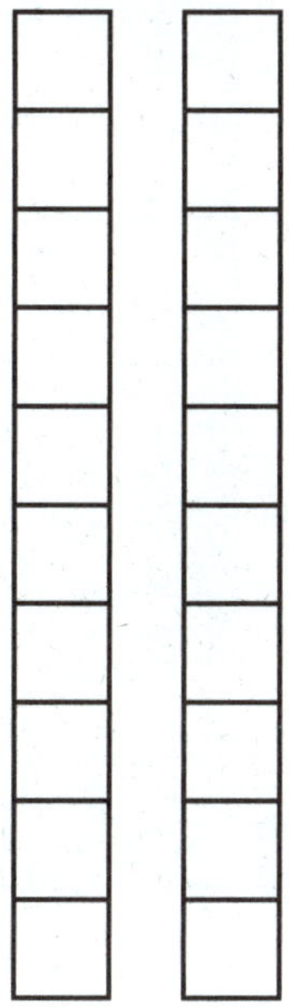

13 = ______ + ______

2 14

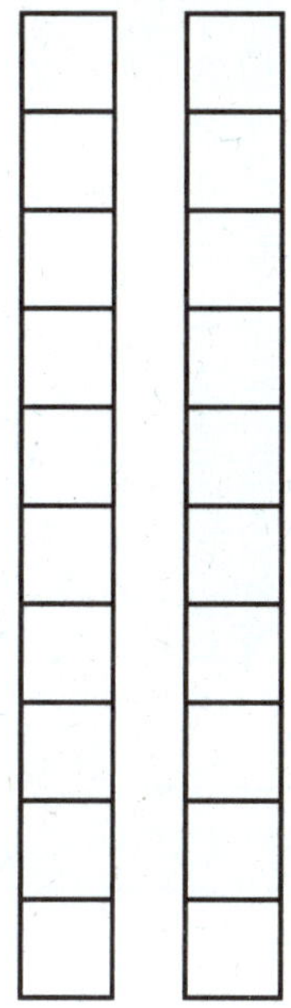

14 = ______ + ______

3 15

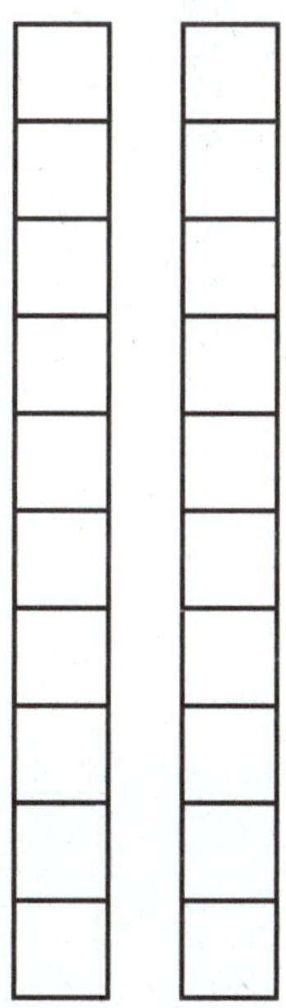

15 = ______ + ______

4 16

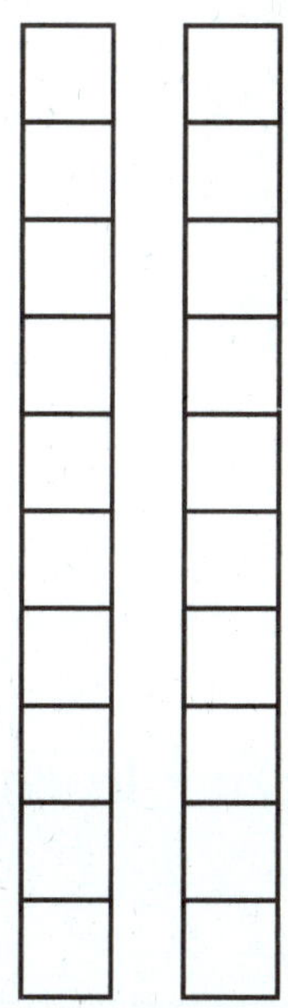

16 = ______ + ______

Busca la parte desconocida. Dibuja cuadrados como ayuda.

5 17

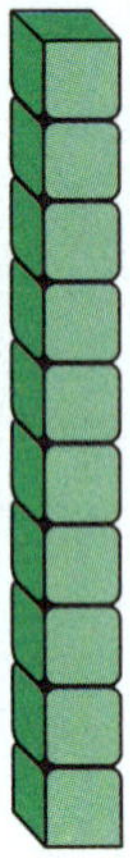

17 = ______ + ______

6 18

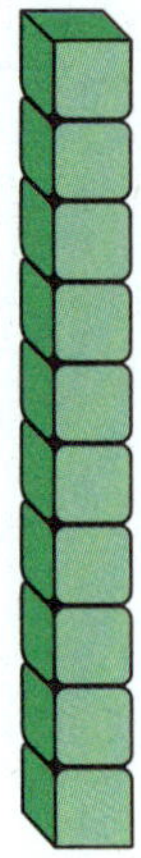

18 = ______ + ______

7 19

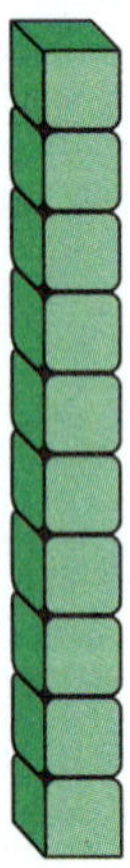

19 = ______ + ______

8 20

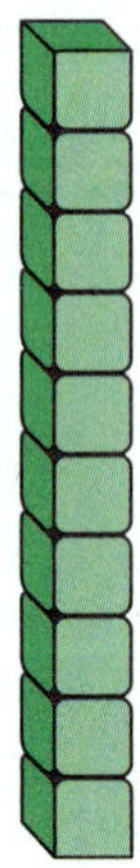

20 = ______ + ______

Comprobar la comprensión

MAESTRO: Completen la ecuación de números del 11 al 19 para el 11.

11 = ______ + ______

Nombre ______________________________

Dibuja líneas para emparejar. Encierra en un círculo los adicionales.

Escribe los números y compáralos.

Escribe M para mayor que y m para menor que.

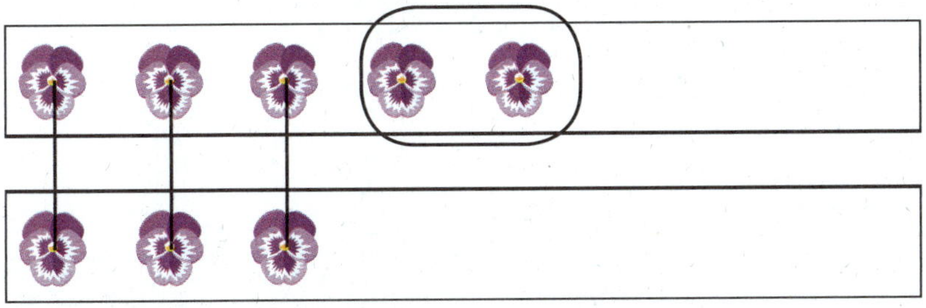

5 M

3 m

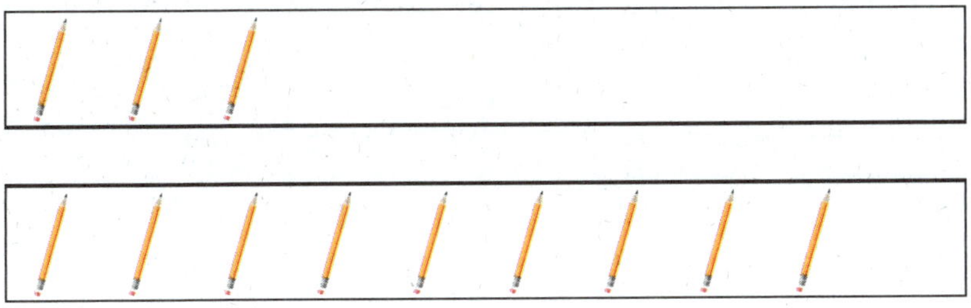

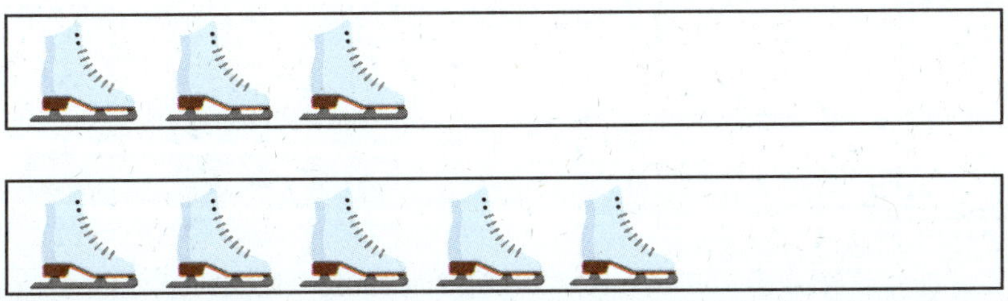

VOCABULARIO
mayor que
menor que

Cuenta y escribe el número. Encierra en un círculo el número que es mayor.

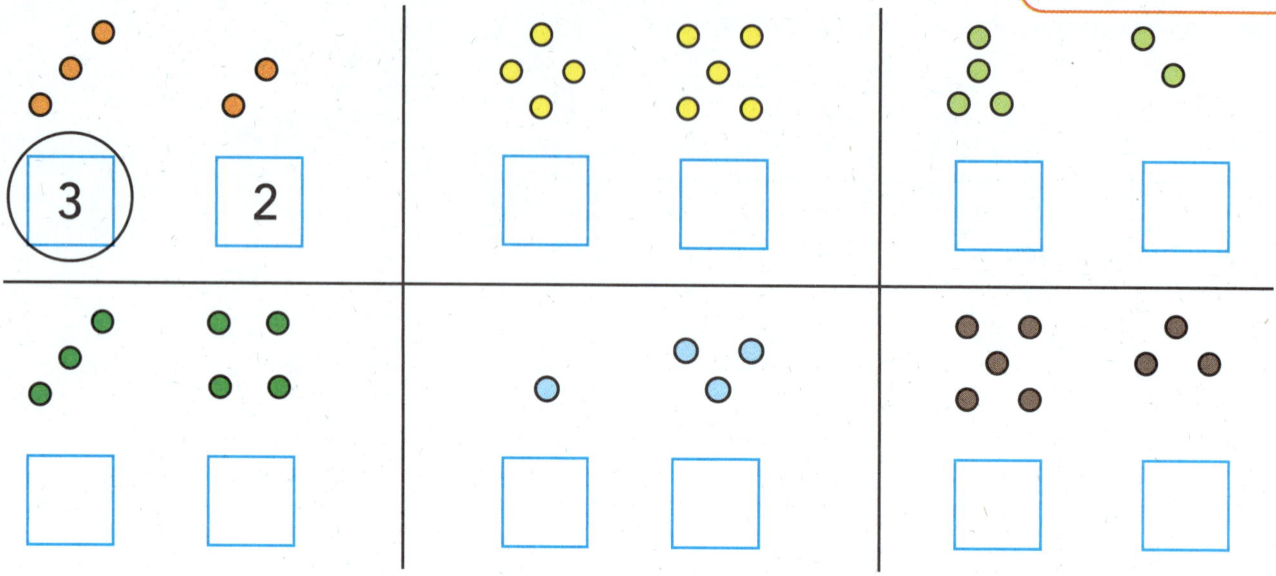

Cuenta y escribe el número. Encierra en un círculo el número que es menor.

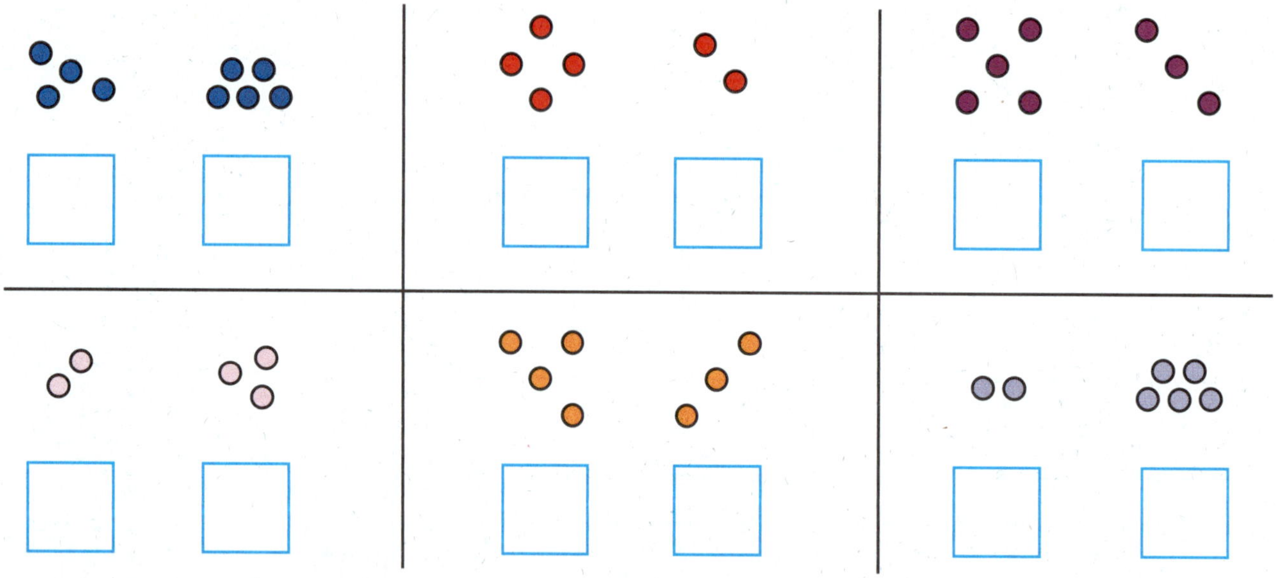

Compara los números. Escribe M para **mayor que** o m para **menor que**.

2 m 3   5 ___ 2   4 ___ 5

Comprobar la comprensión

MAESTRO: Dibujen 2 grupos de cuadrados. Escriban cuántos hay en cada uno. Encierren en un círculo el número mayor.

Nombre ______________________________

Busca la parte desconocida. Dibuja cuadrados como ayuda.

1

1 + ☐

2

2 + ☐

3

3 + ☐

4

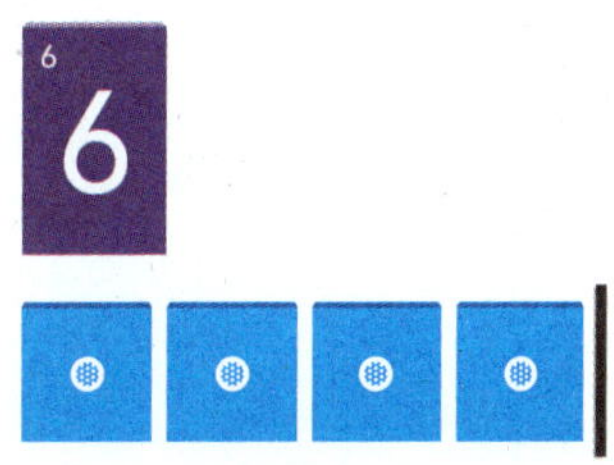

4 + ☐

5

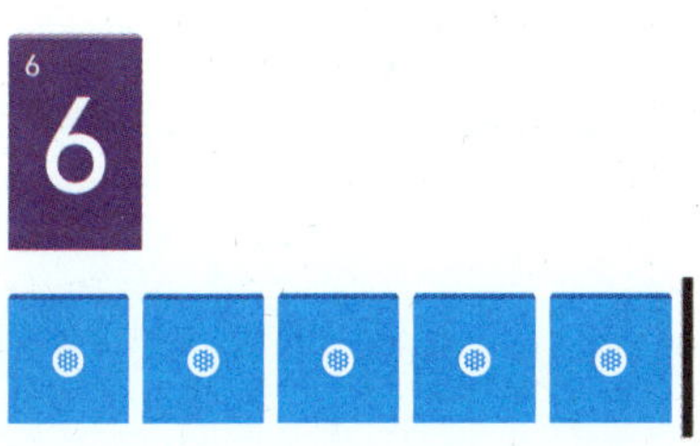

5 + ☐

Busca la parte desconocida. Dibuja cuadrados como ayuda.

6

1 + ☐

7

2 + ☐

8

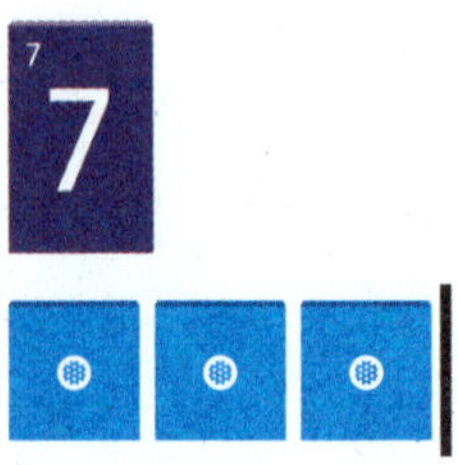

3 + ☐

9

4 + ☐

10

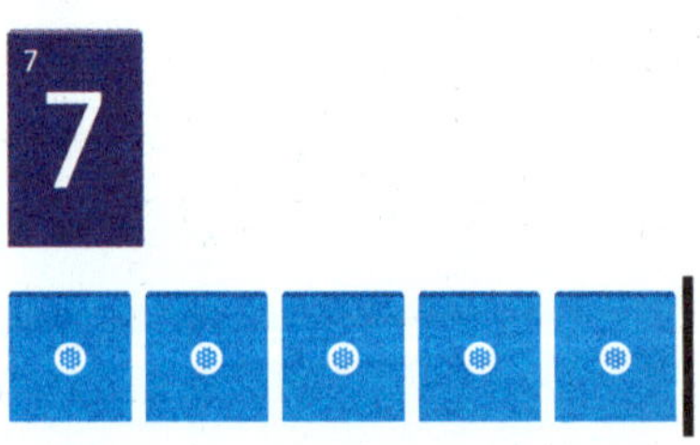

5 + ☐

11

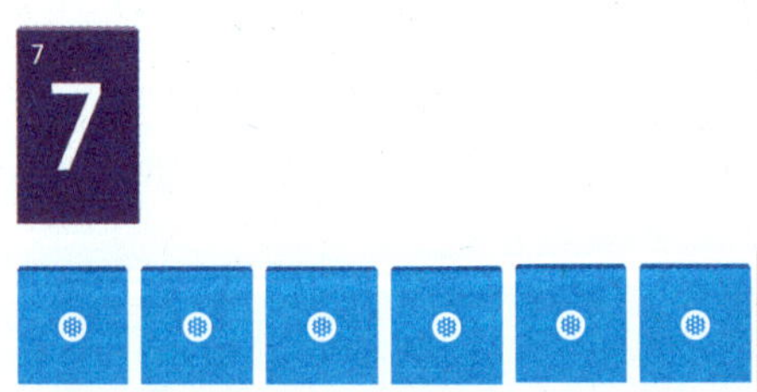

6 + ☐

Comprobar la comprensión

MAESTRO: Observen las ecuaciones. Expliquen por qué las dos formas de escribir la ecuación son correctas.

$14 = 10 + 4$ $\quad\quad$ $10 + 4 = 14$

Nombre ________________________________

Dibuja una línea para mostrar dos partes. Escribe las partes.

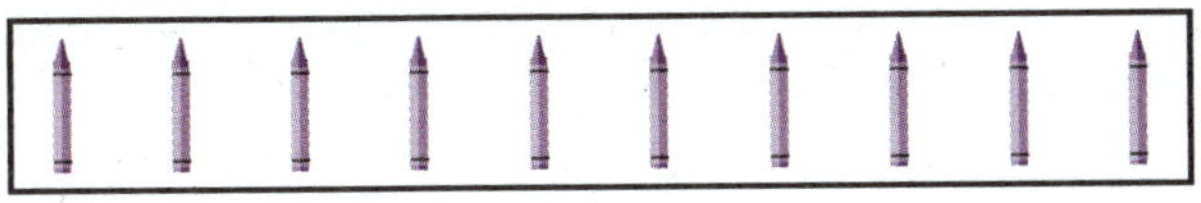

$10 = \square + \square$

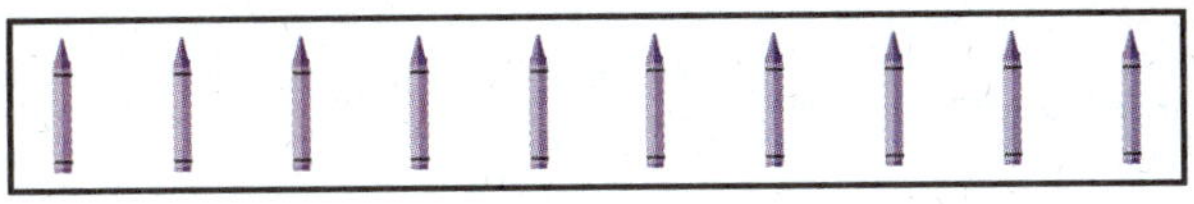

$10 = \square + \square$

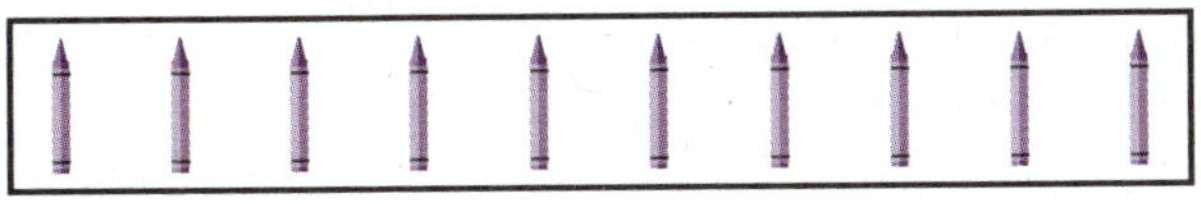

$10 = \square + \square$

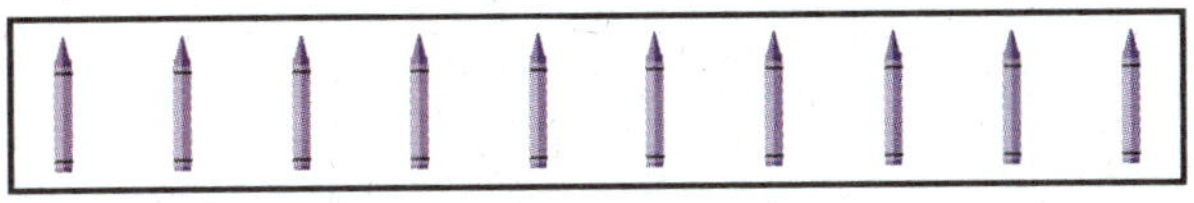

$10 = \square + \square$

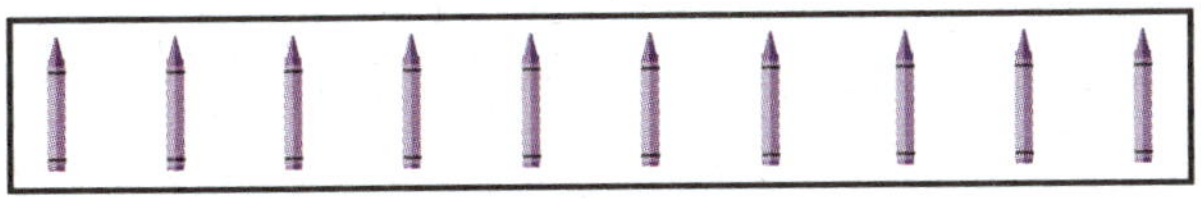

$10 = \square + \square$

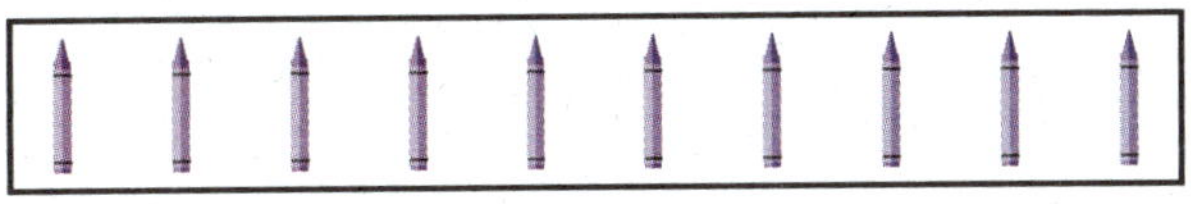

$10 = \square + \square$

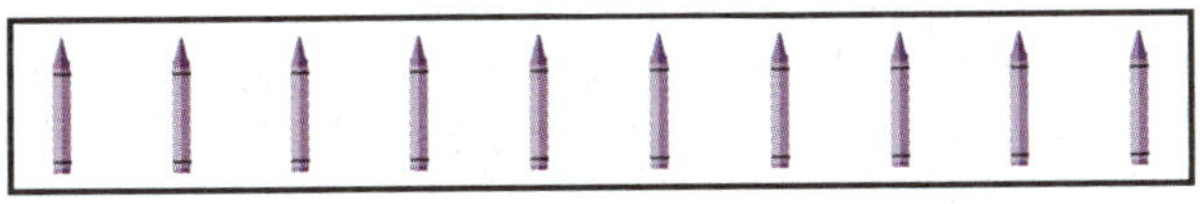

$10 = \square + \square$

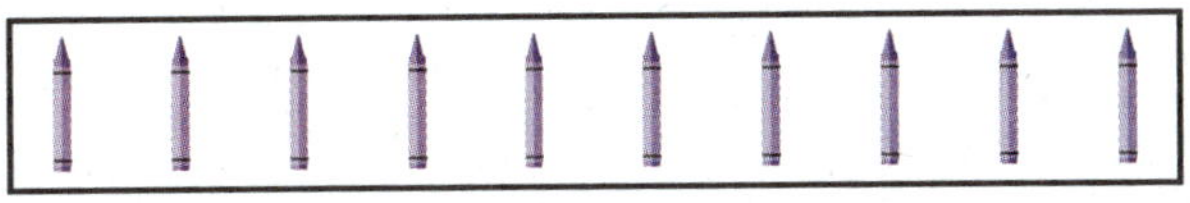

$10 = \square + \square$

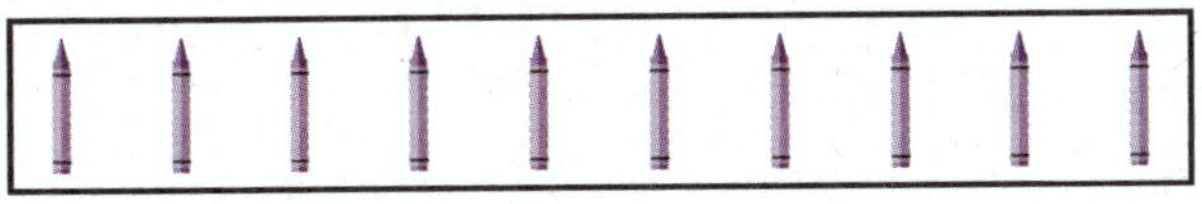

$10 = \square + \square$

Dibuja Bolitas en las Montañas matemáticas.

6	6	6	6	6
5 1	4 2	3 3	2 4	1 5

5	5	5	5	7
4 1	3 2	2 3	1 4	6 1

7	7	7	7	7
5 2	4 3	3 4	2 5	1 6

10	10	10	10	10
9 1	8 2	7 3	6 4	5 5

Nombre ______________________________

Escribe los números del 1 al 20 en orden.

1									
									20

1									
									20

Cuenta hacia atrás desde el 20. Escribe los números en orden.

20									
									1

Cuenta cuántos hay. Escribe el número.

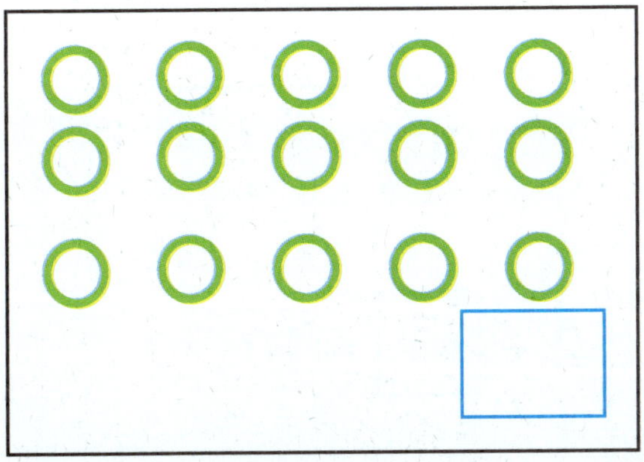

Escribe los números del 1 al 20 en orden.

1	
	20

1	
	20

1	
	20

Comprobar la comprensión

MAESTRO: Rellenen la parte desconocida.

2 + ☐ = 10

Comprobar el conocimiento 2

Nombre ______ Fecha ______

Camino al conocimiento

Suma los números.

1. $1 + 1 = \square$

2. $3 + 1 = \square$

3. $4 + 0 = \square$

4. $2 + 3 = \square$

5. $2 + 1 = \square$

6. $0 + 1 = \square$

7. $1 + 3 = \square$

8. $1 + 4 = \square$

9. $2 + 2 = \square$

10. $2 + 0 = \square$

Comprobar el conocimiento 2

Nombre ______________________ Fecha ______________________

Camino al conocimiento

Resta los números.

11 $1 - 0 = \square$

12 $2 - 0 = \square$

13 $3 - 3 = \square$

14 $2 - 2 = \square$

15 $4 - 3 = \square$

16 $5 - 3 = \square$

17 $5 - 1 = \square$

18 $4 - 2 = \square$

19 $5 - 4 = \square$

20 $3 - 1 = \square$

Nombre ____________________

VOCABULARIO
esquina

1 Observa cada figura. Escribe el número de lados rectos.

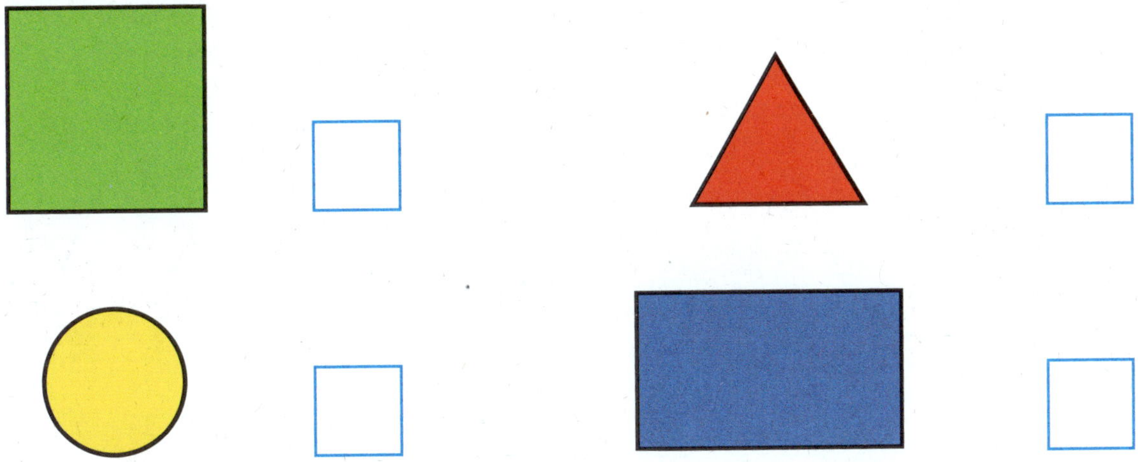

2 Observa cada figura. Escribe el número de **esquinas**.

3 Encierra en un círculo la figura que tiene 4 lados de igual longitud.

VOCABULARIO
figuras planas
figuras geométricas

4 Observa cada figura. Encierra en un círculo las **figuras planas**. Marca con una X las **figuras geométricas**.

Comprobar la comprensión

MAESTRO: Expliquen la diferencia entre estas dos figuras.

Nombre ____________________

1 Cuenta y escribe el número. Encierra en un círculo el número que es mayor.

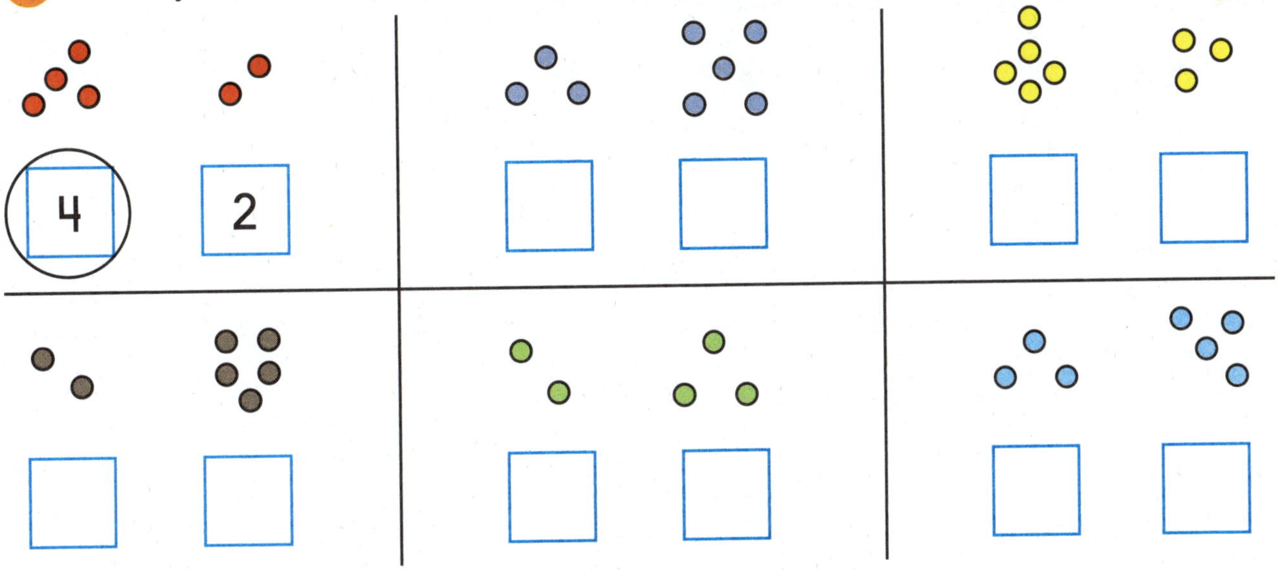

2 Cuenta y escribe el número. Encierra en un círculo el número que es menor.

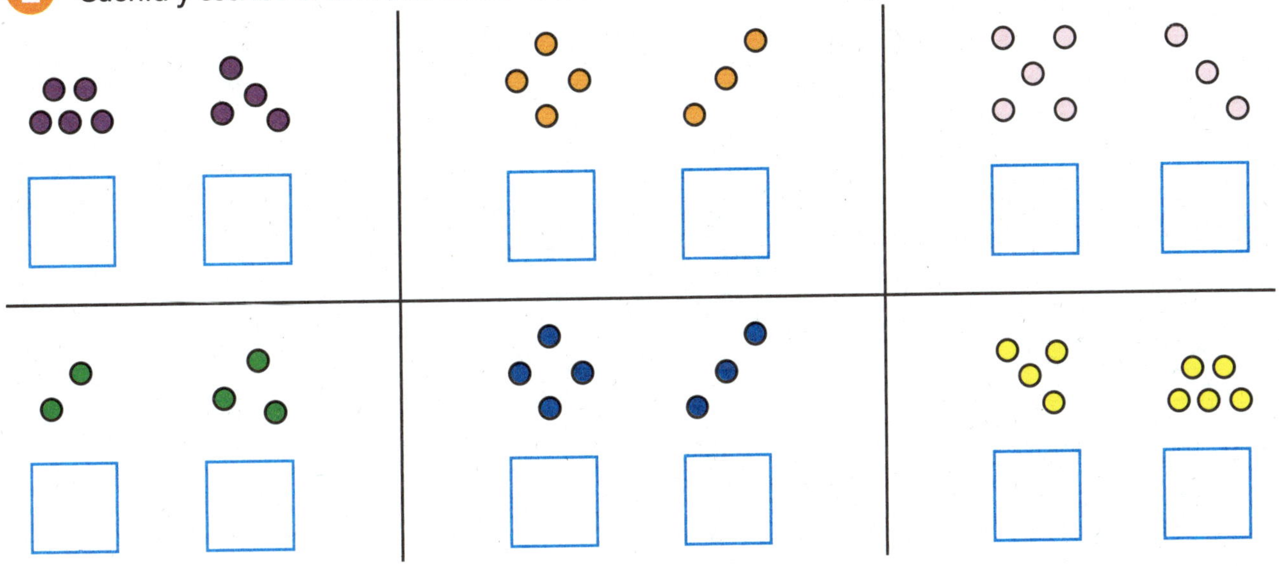

3 Escribe los números del 1 al 20 en orden.

4 Dibuja líneas para emparejar. Encierra en un círculo los adicionales. Escribe los números y compáralos. Escribe M para mayor que y m para menor que.

6	M
4	m
☐	___
☐	___
☐	___
☐	___
☐	___
☐	___
☐	___
☐	___

Comprobar la comprensión

MAESTRO: Observen el último ejercicio. Digan cómo saben si 6 o 5 es mayor.

Nombre ____

1 Dibuja una línea para mostrar las partes. Escribe las partes.

10 = ☐ + ☐

10 = ☐ + ☐

10 = ☐ + ☐

10 = ☐ + ☐

10 = ☐ + ☐

10 = ☐ + ☐

10 = ☐ + ☐

10 = ☐ + ☐

10 = ☐ + ☐

2 Dibuja Bolitas en las Montañas matemáticas.

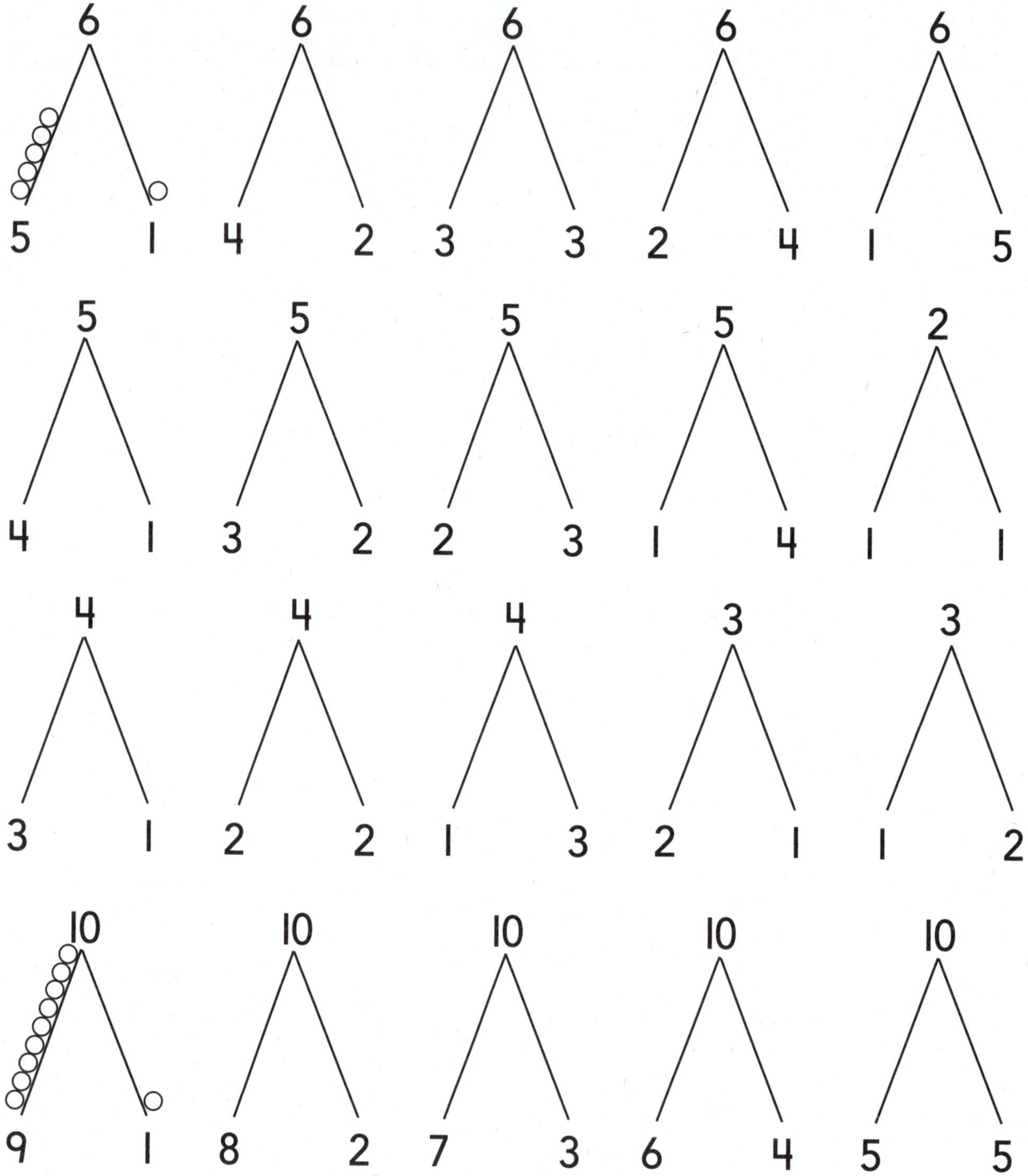

Comprobar la comprensión

MAESTRO: Dibujen el mayor número posible de partes de 10.

Dear Family:

In your child's math program, partners are numbers that go together to make up another number. For example:

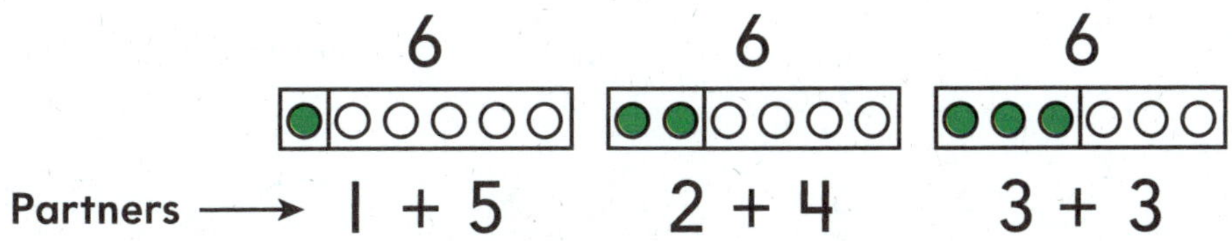

Knowing partners of numbers will help your child develop a strong sense of relationships among numbers and provide a firm foundation for learning addition and subtraction.

Your child has begun using "Math Mountain" drawings to show partners of numbers. Children were told a story about "Tiny Tumblers" who live on top of "Math Mountain." These Tiny Tumblers roll down the sides of Math Mountain for fun. For example:

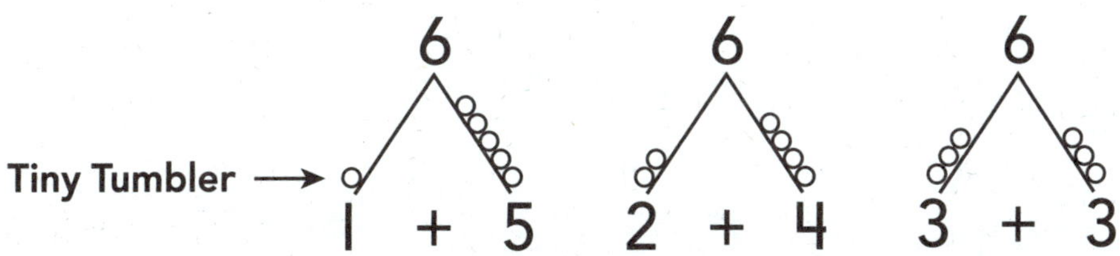

Your child will be asked to count Tiny Tumblers (small circles like those above) and draw Tiny Tumblers to show partners. Children enjoy this visual support and can more easily internalize partners with continued practice. Please help your child with Math Mountain pages as necessary.

Thank you!

Sincerely,
Your child's teacher

Estimada familia:

En el programa de matemáticas de su niño, las partes son números que se juntan para formar otros números, por ejemplo:

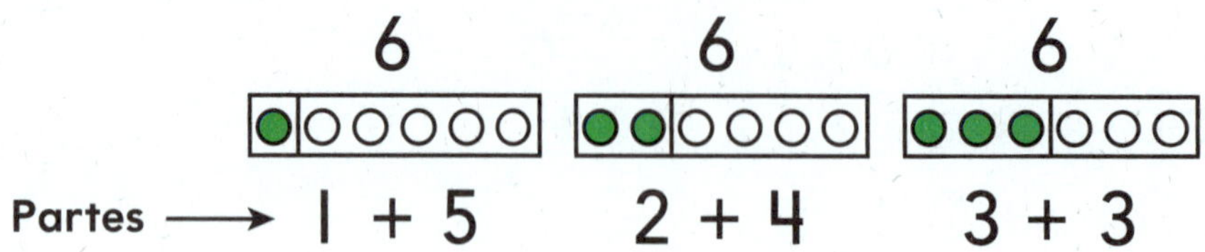

Conocer las partes de los números ayudará a su niño a desarrollar la comprensión de las relaciones entre los números y le dará una base firme para el aprendizaje de la suma y la resta.

Su niño ha comenzado a usar los dibujos de "Montañas matemáticas" para mostrar las partes de los números. Los niños escucharon un cuento sobre unas bolitas que viven en la cima de la "Montaña matemática". Para divertirse, las bolitas descienden rodando por el costado de la montaña. Por ejemplo:

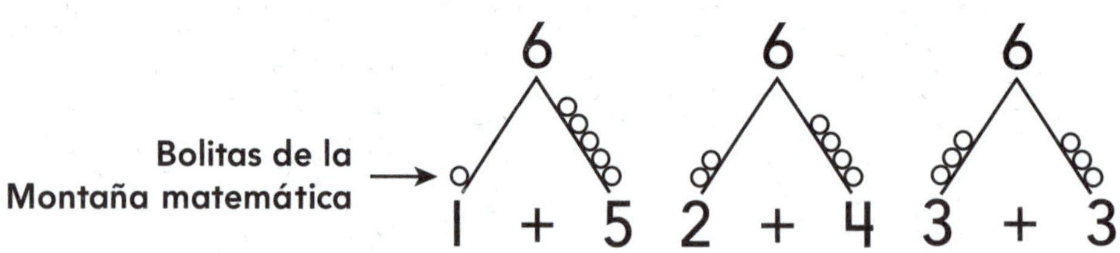

Se le pedirá a su niño que cuente las bolitas y que las dibuje (como se muestra arriba) para mostrar las partes. Los niños disfrutan de este apoyo visual y con la práctica continua pueden asimilar más fácilmente el concepto de partes. Si es necesario, ayude a su niño con las páginas de Montañas matemáticas.

¡Gracias!

Atentamente,
El maestro de su niño

Nombre ____________________

1 Suma los números.

5 + 1 = ☐	4 + 2 = ☐	3 + 3 = ☐
6 + 1 = ☐	5 + 2 = ☐	4 + 3 = ☐
7 + 1 = ☐	6 + 2 = ☐	5 + 3 = ☐
8 + 1 = ☐	7 + 2 = ☐	6 + 3 = ☐
9 + 1 = ☐	8 + 2 = ☐	7 + 3 = ☐

2 Conecta los puntos en orden.

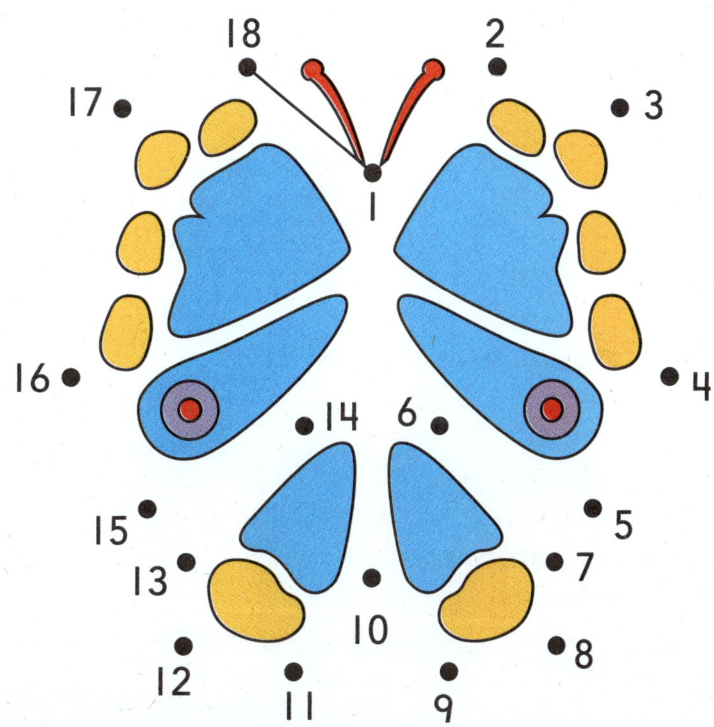

3 Camino al conocimiento Suma los números.

$2 + 3 = \square$	$0 + 2 = \square$	$3 + 1 = \square$
$4 + 0 = \square$	$2 + 1 = \square$	$1 + 1 = \square$
$5 + 0 = \square$	$1 + 2 = \square$	$0 + 3 = \square$
$3 + 2 = \square$	$2 + 2 = \square$	$4 + 1 = \square$

4 Camino al conocimiento Resta los números.

$3 - 2 = \square$	$5 - 5 = \square$	$2 - 2 = \square$
$3 - 3 = \square$	$5 - 2 = \square$	$5 - 1 = \square$
$5 - 0 = \square$	$4 - 2 = \square$	$3 - 0 = \square$
$2 - 1 = \square$	$5 - 4 = \square$	$5 - 3 = \square$

Comprobar la comprensión

MAESTRO: Completen la ecuación.

$15 = 10 + \square$

Nombre ______________________________

1 Dibuja Bolitas en las Montañas matemáticas.

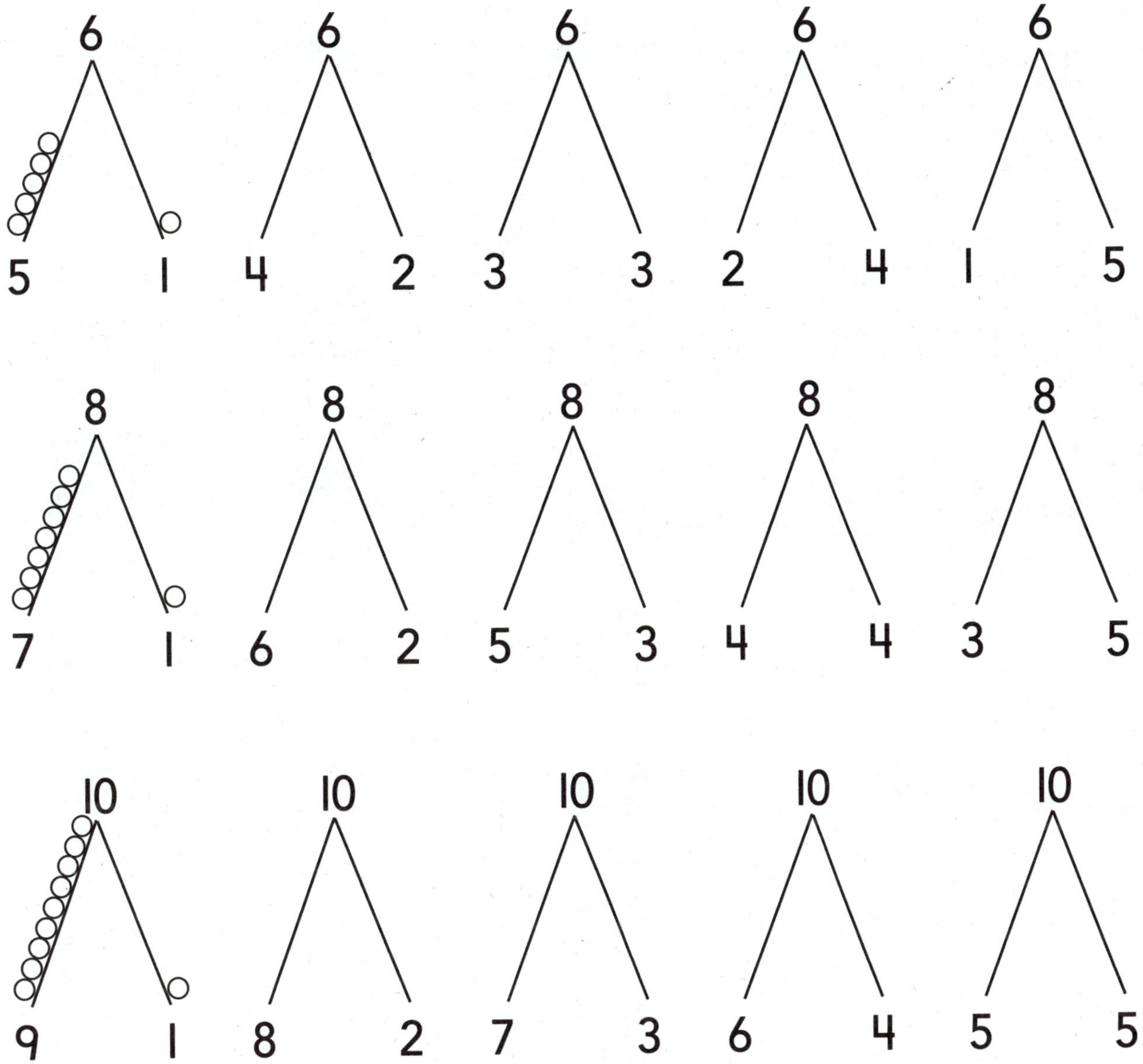

2 Escribe los números del 1 al 20.

1									

Ayuda a Kate a buscar el portón.

3 Ella necesita hallar las partes de 8.

Comprobar la comprensión

MAESTRO: Dibujen objetos para mostrar las partes de 9. Escribe la expresión de suma para emparejar.

Nombre ______________________

VOCABULARIO
cara
cubo

1 Traza alrededor de 1 **cara** del **cubo**. Usa un crayón.

2 Encierra en un círculo cada esquina.

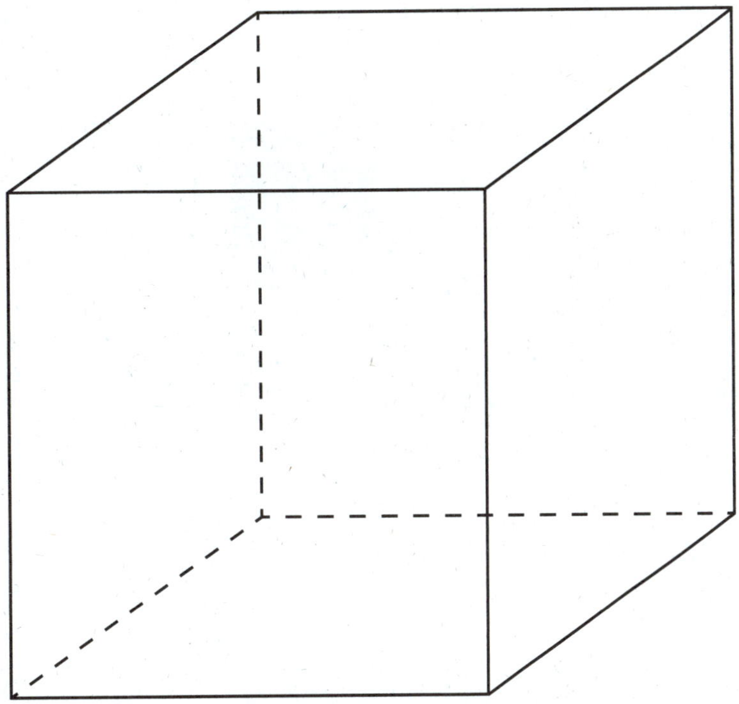

3 ¿Cuántas caras hay? ______

4 ¿Cuántas esquinas hay? ______

5 Observa una cara del cubo.
Encierra en un círculo el nombre de la figura.

cuadrado
rectángulo
triángulo

VOCABULARIO
esfera

Encierra en un círculo la imagen que se empareja con el enunciado.

6 El cubo está debajo de la **esfera.**

7 El cubo está enfrente de la esfera.

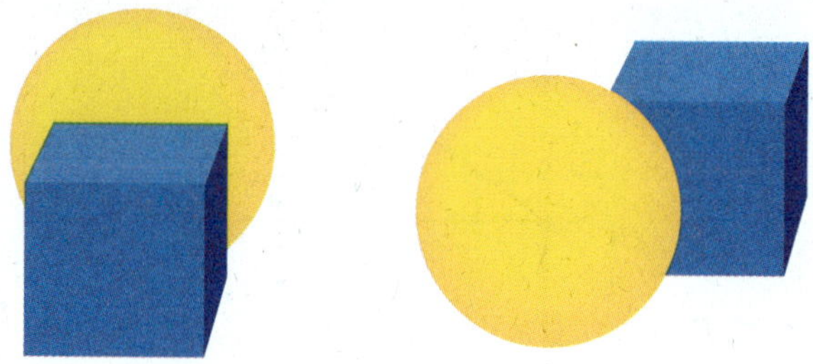

8 El cubo está encima de la esfera.

9 El cubo grande está detrás del cubo pequeño.

Comprobar la comprensión

MAESTRO: Describan un cubo usando el mayor número de palabras descriptivas posibles.

Nombre ______________________________

1 Suma los números.

$5 + 5 = \square$	$6 + 2 = \square$	$2 + 7 = \square$
$3 + 4 = \square$	$4 + 2 = \square$	$7 + 3 = \square$
$5 + 1 = \square$	$4 + 4 = \square$	$5 + 4 = \square$
$3 + 6 = \square$	$5 + 2 = \square$	$5 + 3 = \square$
$4 + 6 = \square$	$3 + 3 = \square$	$2 + 5 = \square$

2 Conecta los puntos en orden.

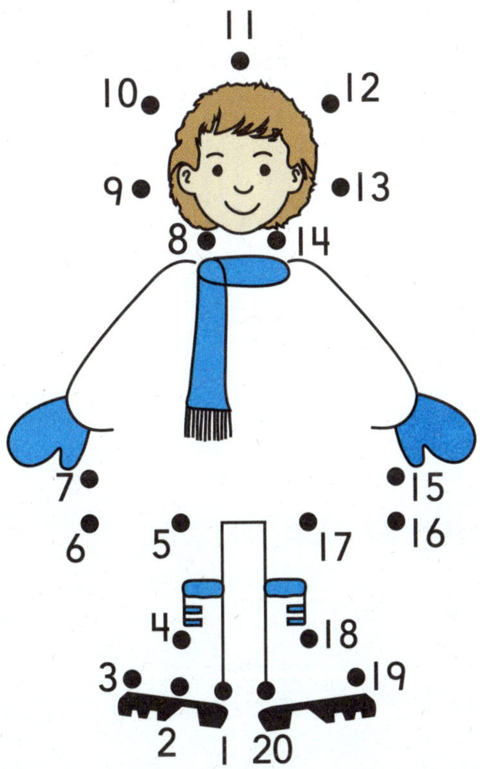

3 Camino al conocimiento Suma los números.

4 + 1 = ☐	0 + 3 = ☐	4 + 0 = ☐
3 + 2 = ☐	1 + 4 = ☐	1 + 1 = ☐
5 + 0 = ☐	3 + 1 = ☐	1 + 3 = ☐
2 + 2 = ☐	1 + 2 = ☐	0 + 5 = ☐

4 Camino al conocimiento Resta los números.

5 − 4 = ☐	5 − 2 = ☐	5 − 1 = ☐
4 − 4 = ☐	4 − 2 = ☐	4 − 3 = ☐
3 − 1 = ☐	3 − 0 = ☐	3 − 3 = ☐
2 − 1 = ☐	2 − 2 = ☐	2 − 0 = ☐

Comprobar la comprensión

MAESTRO: Sumen los números.

3 + 5 = ☐ 6 + 4 = ☐ 6 + 3 = ☐

Nombre ______________________ Fecha ______________

1. Hay 3 manzanas rojas y 6 manzanas verdes.
¿Cuántas manzanas hay en total?
Haz un dibujo para mostrar el problema.

______ manzanas

2. Hay 8 aves sobre la rama. Luego 5 se van volando.
¿Cuántas aves quedan?
Haz un dibujo para mostrar el problema.

______ aves

Comprobar la estrategia 1

Nombre ______________________ Fecha ______________

Usa la imagen de abajo para completar las preguntas.

3 ¿Cuántos cubos hay? ☐

4 ¿Cuántas figuras planas hay? ☐

5 ¿Cuántas esferas hay? ☐

6 ¿Cuántos triángulos hay? ☐

7 ¿Cuántas figuras geométricas hay? ☐

11

11

10 + ______ = ______

12

12

10 + ______ = ______

13

13

10 + ______ = ______

14

14

10 + ______ = ______

Nombre ____________________

1 Dibuja líneas para emparejar.

10

6

9

7

8

2 Dibuja líneas. Empareja dos.

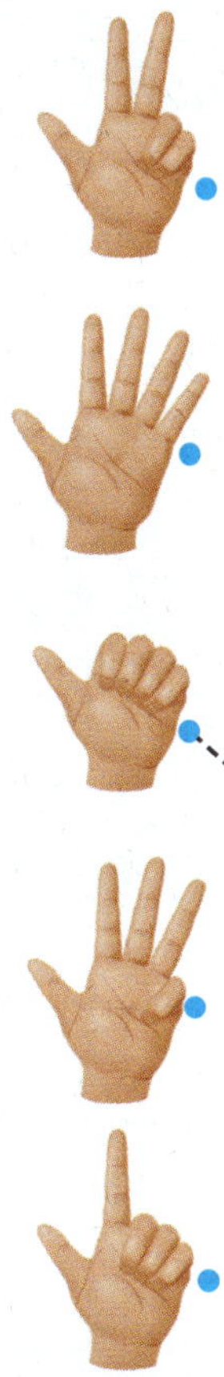

5

4

3

1

2

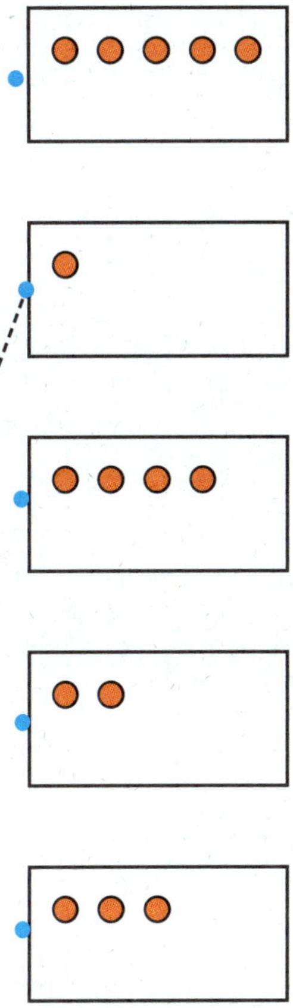

3 Conecta los puntos en orden.

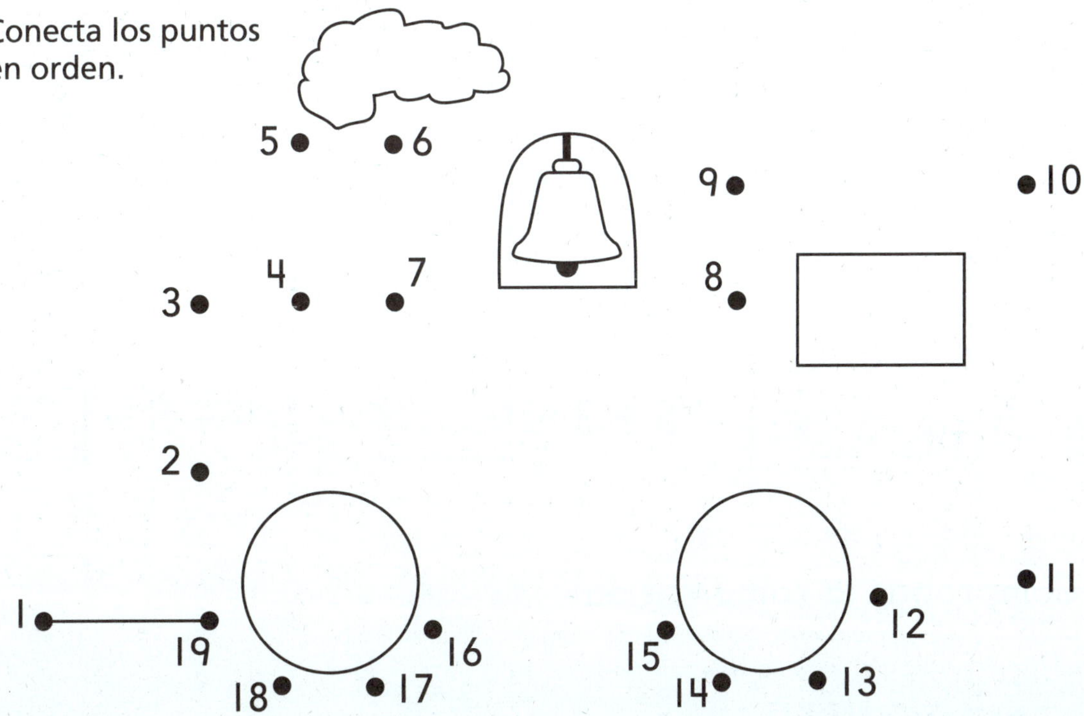

4 Camino al conocimiento Suma los números.

$1 + 3 = \square$	$3 + 2 = \square$	$2 + 1 = \square$
$2 + 2 = \square$	$1 + 4 = \square$	$0 + 2 = \square$
$1 + 0 = \square$	$1 + 2 = \square$	$4 + 1 = \square$
$2 + 1 = \square$	$2 + 0 = \square$	$0 + 4 = \square$
$8 + 2 = \square$	$2 + 5 = \square$	$5 + 3 = \square$
$5 + 4 = \square$	$6 + 2 = \square$	$6 + 4 = \square$
$4 + 3 = \square$	$2 + 8 = \square$	$4 + 3 = \square$
$3 + 4 = \square$	$5 + 3 = \square$	$4 + 5 = \square$

Comprobar la comprensión

MAESTRO: Muestren el número 13 de distintas maneras: dibujen grupos, dibujen un palito de 10 y adicionales, escriban una ecuación.

Nombre ______________________________

1 Camino al conocimiento Suma los números.

$3 + 1 = \square$	$4 + 1 = \square$	$3 + 0 = \square$
$2 + 2 = \square$	$2 + 0 = \square$	$1 + 2 = \square$
$0 + 4 = \square$	$2 + 3 = \square$	$0 + 5 = \square$
$3 + 2 = \square$	$0 + 1 = \square$	$1 + 4 = \square$
$5 + 0 = \square$	$2 + 1 = \square$	$1 + 3 = \square$

2 Conecta los puntos en orden.

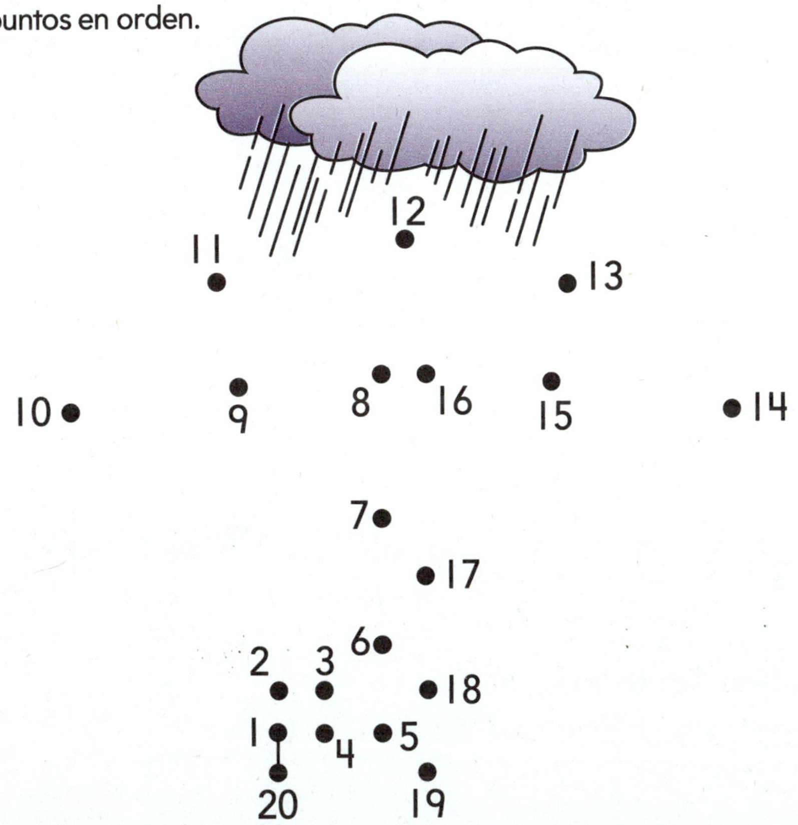

3 Camino al conocimiento Resta los números.

3 − 2 = ☐	5 − 5 = ☐	2 − 2 = ☐
4 − 1 = ☐	4 − 3 = ☐	3 − 1 = ☐
3 − 3 = ☐	5 − 2 = ☐	4 − 3 = ☐
5 − 0 = ☐	4 − 2 = ☐	3 − 0 = ☐
2 − 1 = ☐	5 − 4 = ☐	5 − 3 = ☐

4 Observa lo que escribió el Pingüino Confundido.
Ayuda al Pingüino Confundido.

4 + 1 = 3

4 + 1

4 + 1 = ☐

Comprobar la comprensión

MAESTRO: Expliquen cómo se resuelve esta ecuación. 3 + 2 = ☐

Nombre ______________________________

1 Completa la ecuación de partes.

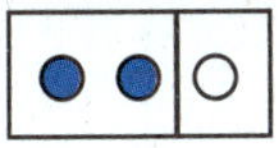 3 = 2 + 1

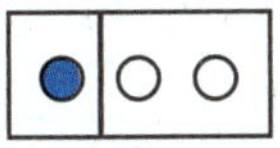 3 = ______

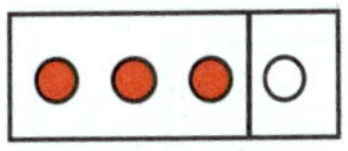 4 = 3 + 1

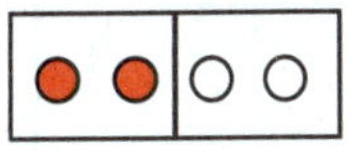 4 = ______

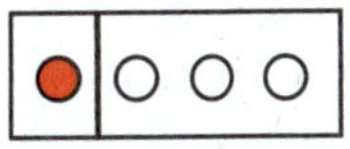 4 = ______

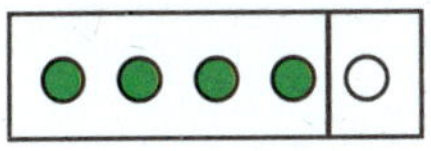 5 = 4 + 1

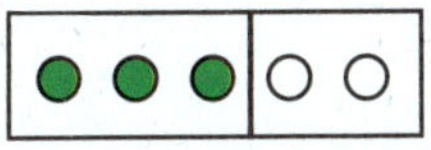 5 = ______

 5 = ______

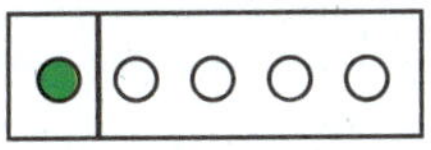 5 = ______

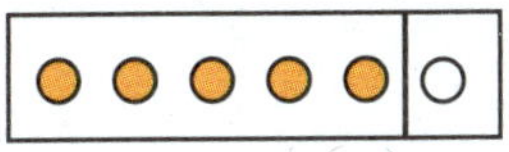 6 = 5 + 1

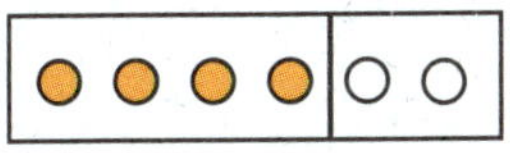 6 = ______

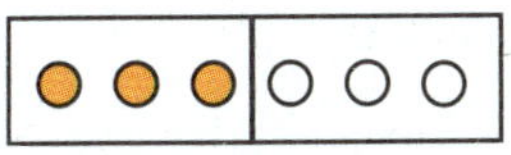 6 = ______

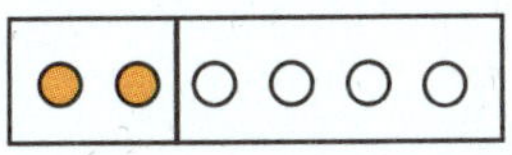 6 = ______

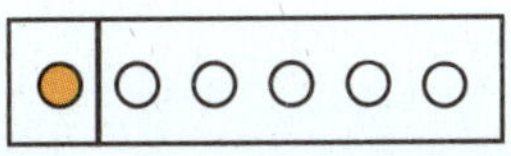 6 = ______

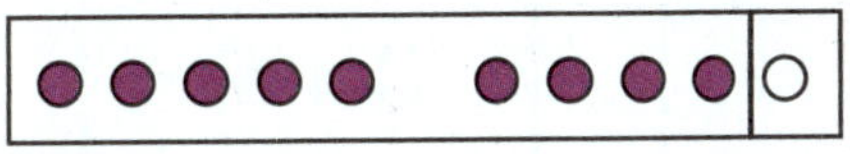 10 = 9 + 1

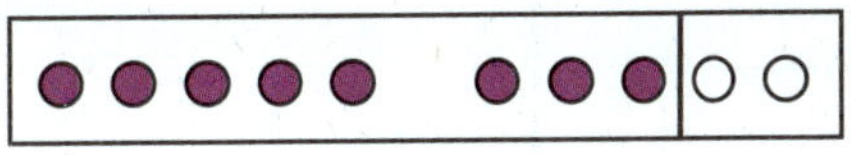 10 = ______

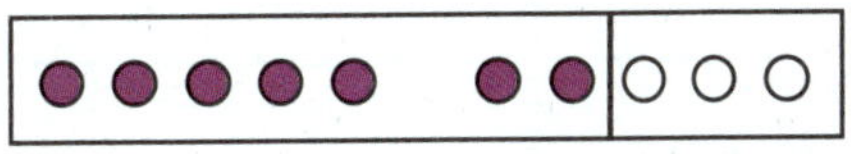 10 = ______

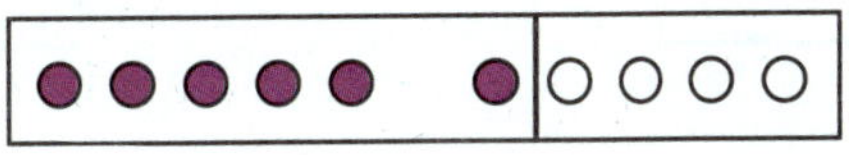 10 = ______

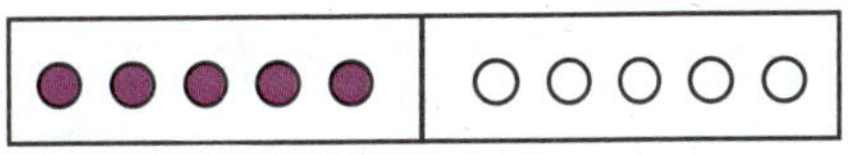 10 = ______

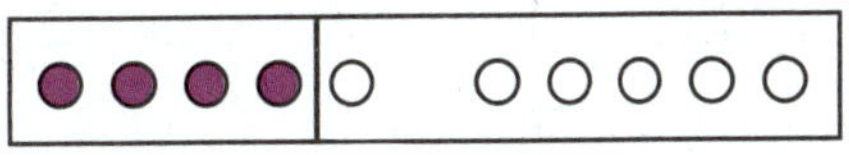 10 = ______

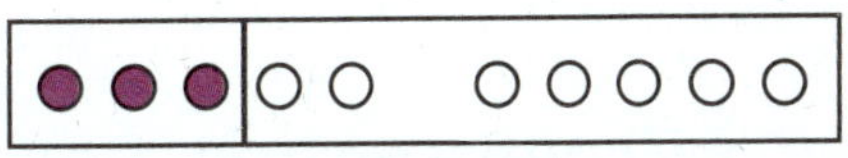 10 = ______

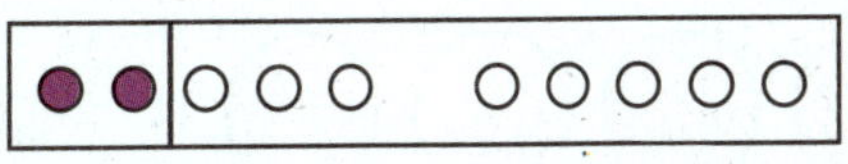 10 = ______

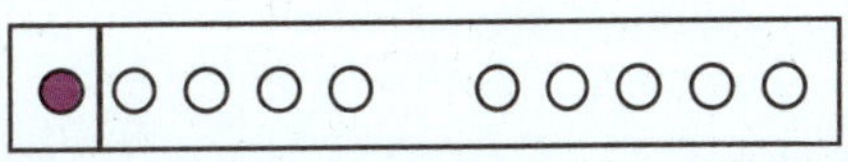 10 = ______

2 Camino al conocimiento Suma los números.

$2 + 2 = \square$	$3 + 0 = \square$	$2 + 3 = \square$
$3 + 1 = \square$	$2 + 1 = \square$	$1 + 0 = \square$
$1 + 2 = \square$	$0 + 4 = \square$	$3 + 2 = \square$
$4 + 1 = \square$	$1 + 1 = \square$	$0 + 2 = \square$
$3 + 4 = \square$	$3 + 3 = \square$	$5 + 3 = \square$
$1 + 5 = \square$	$3 + 6 = \square$	$8 + 2 = \square$
$5 + 2 = \square$	$1 + 9 = \square$	$5 + 4 = \square$

Comprobar la comprensión

MAESTRO: Completen la ecuación de partes.

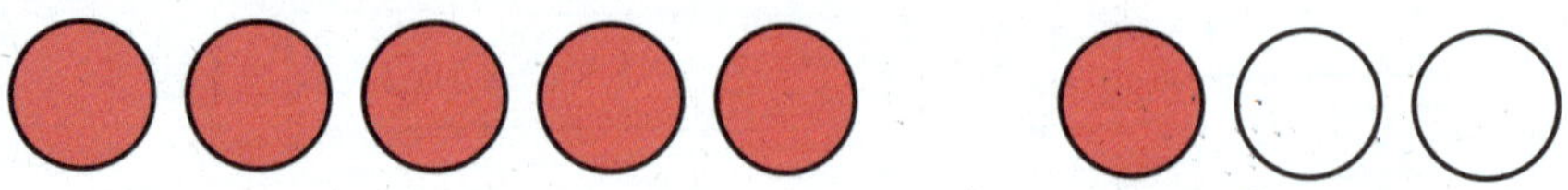

$8 =$ ______________

15

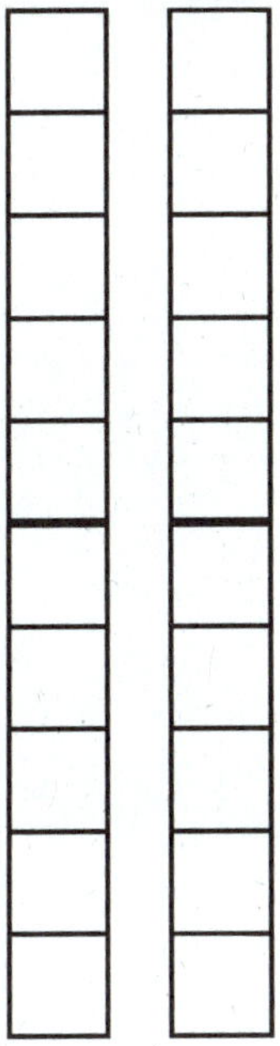

15 ______

______

______

______

______

______

10 + ______ = ______

16

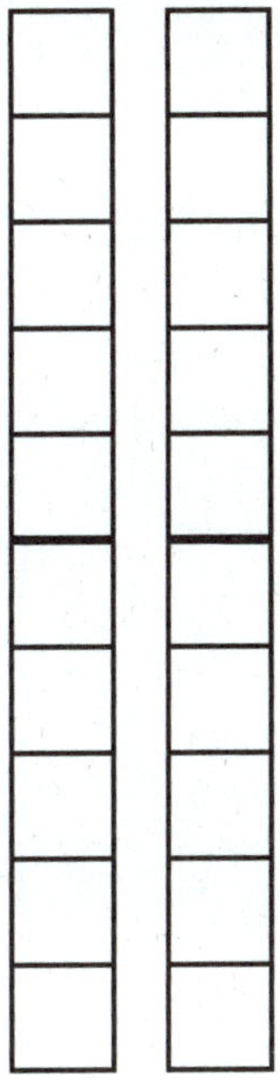

16 ______

______

______

______

______

______

10 + ______ = ______

17

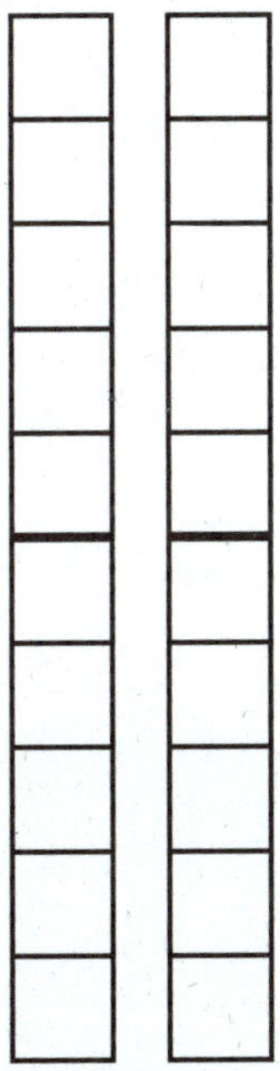

17 ______

______

______

______

______

______

10 + ______ = ______

18

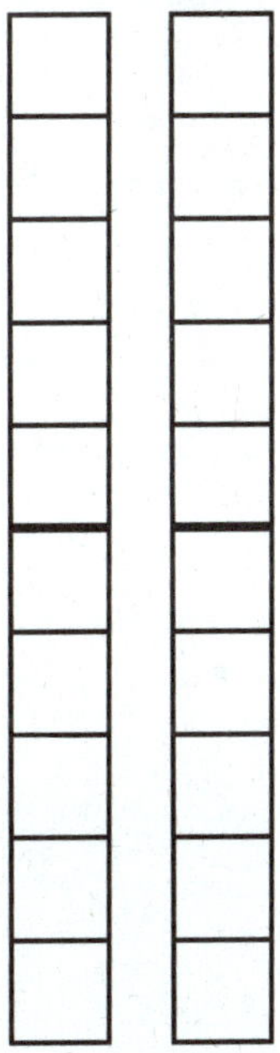

18 ______

______

______

______

______

______

10 + ______ = ______

Nombre ____________________

1 Escribe la ecuación de partes.

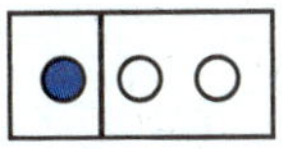

$3 = 1 + 2$

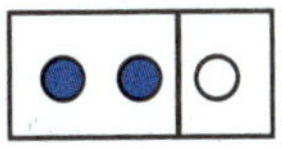

____

$5 = 1 + 4$

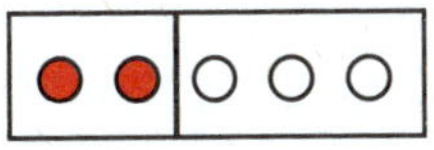

____

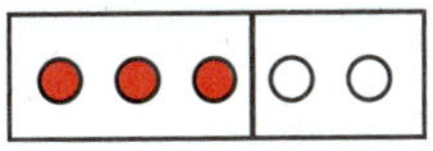

____

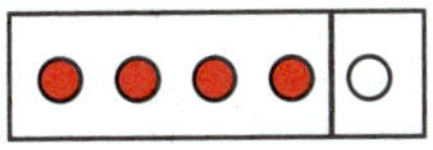

____

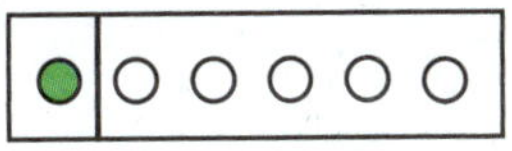

$6 = 1 + 5$

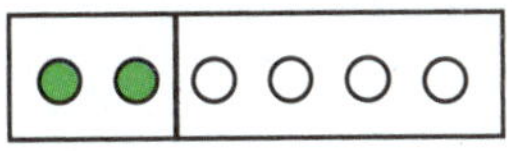

____

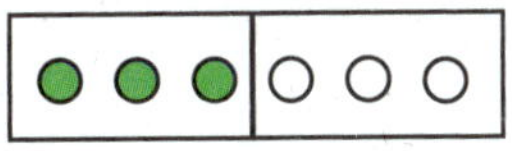

____

____

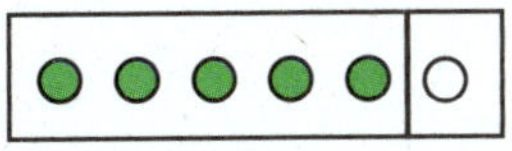

____

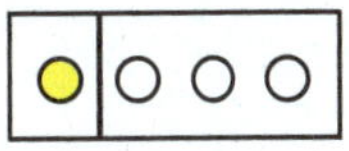

$4 = 1 + 3$

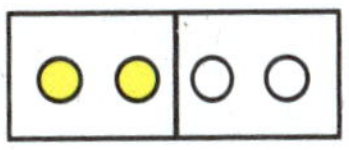

____

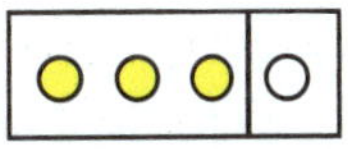

____

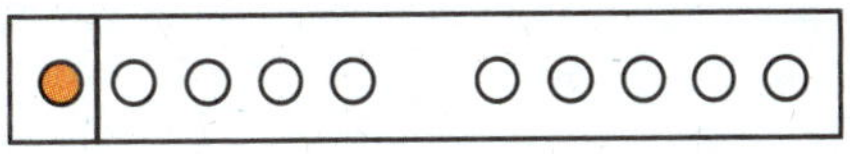

$10 = 1 + 9$

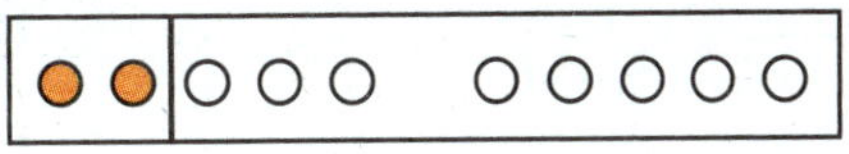

____

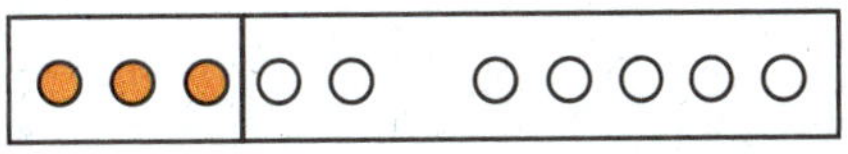

____

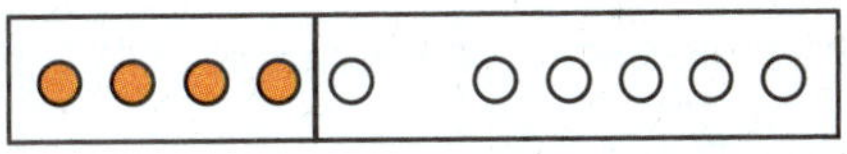

____

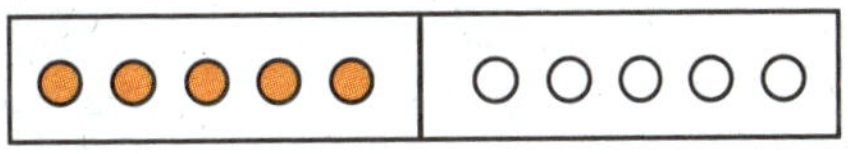

____

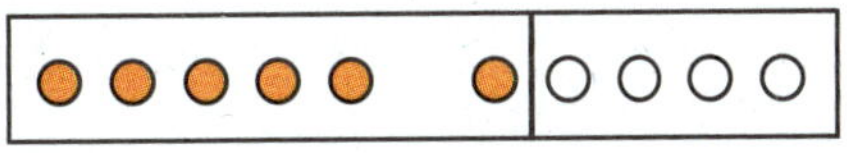

____

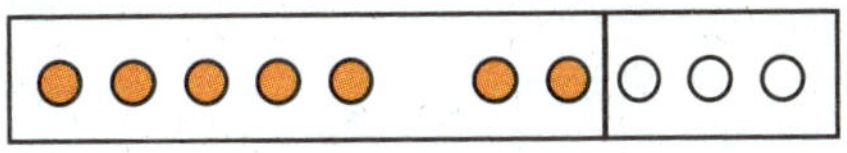

____

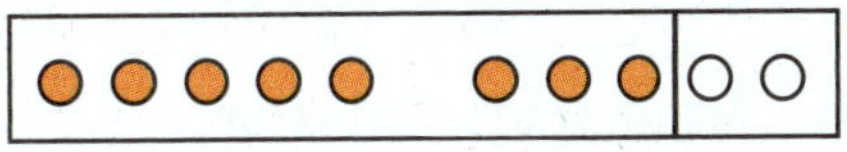

____

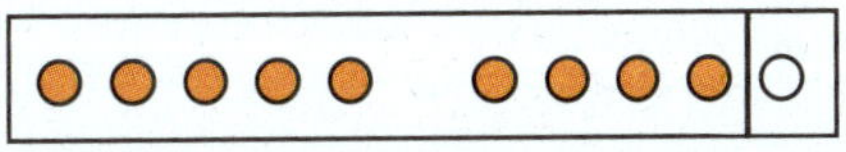

____

2 Resta los números.

$9 - 1 = \square$	$8 - 1 = \square$	$9 - 5 = \square$
$10 - 4 = \square$	$9 - 2 = \square$	$7 - 2 = \square$
$10 - 3 = \square$	$8 - 4 = \square$	$6 - 1 = \square$
$7 - 4 = \square$	$6 - 5 = \square$	$10 - 2 = \square$
$6 - 3 = \square$	$6 - 4 = \square$	$8 - 2 = \square$

3 Observa lo que escribió el Pingüino Confundido.
Ayuda al Pingüino Confundido.

$6 = 4 - 2$

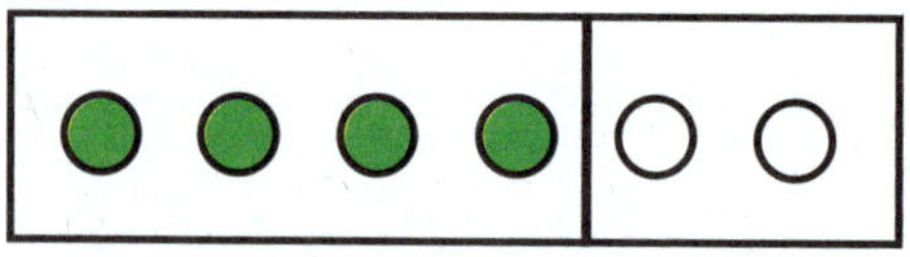

____

Comprobar la comprensión

MAESTRO: Expliquen cómo resolverían lo de las partes en esta ecuación.

10 = _____ + _____

19

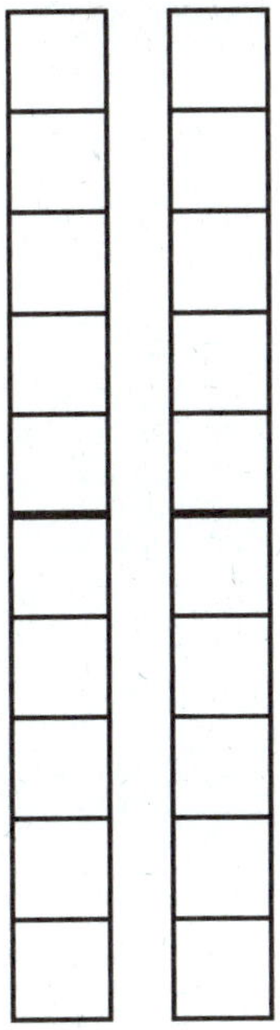

19

10 + ____ = ____

20

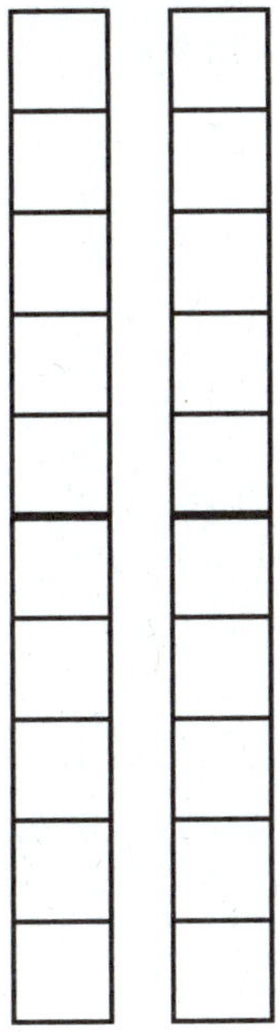

20

10 + ____ = ____

Mi Libro

de números del

11 al 19 de la

Unidad 4

Por ____________

Doblar aquí.

Nombre ____________________________________

1 Dibuja líneas para emparejar.

8

7

9

6

10

2 Dibuja líneas. Haz dos emparejamientos.

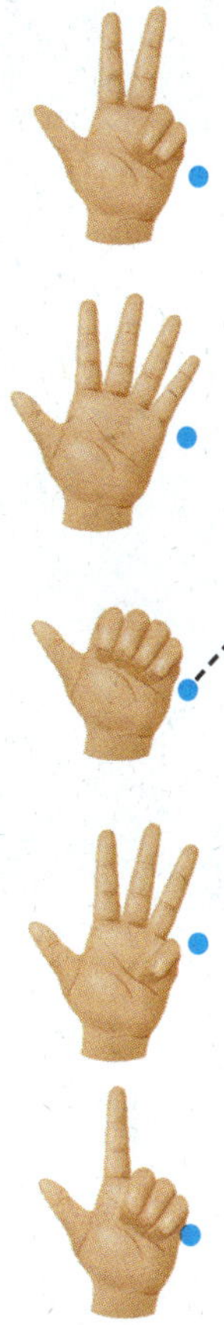

2

1

3

4

5

3 Cuenta y escribe el número. Encierra en un círculo el número que es menos.

(2) 4

4 Camino al conocimiento Suma los números.

1 + 3 = ☐	3 + 1 = ☐	5 + 0 = ☐
4 + 0 = ☐	0 + 2 = ☐	2 + 1 = ☐
1 + 2 = ☐	3 + 2 = ☐	2 + 3 = ☐
1 + 4 = ☐	2 + 2 = ☐	1 + 1 = ☐
5 + 3 = ☐	5 + 1 = ☐	8 + 2 = ☐
2 + 6 = ☐	6 + 4 = ☐	3 + 7 = ☐
6 + 1 = ☐	4 + 5 = ☐	1 + 8 = ☐
3 + 7 = ☐	4 + 4 = ☐	6 + 3 = ☐

Comprobar la comprensión

MAESTRO: Dibujen para mostrar 19. Usen un grupo de 10 y algunas unidades.

Nombre ______________________________

VOCABULARIO
apilar
rodar

1 Observa cada figura. Escribe el número de caras.

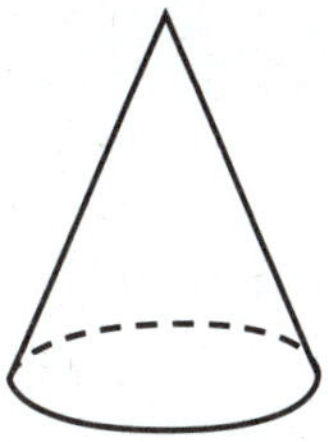 ☐

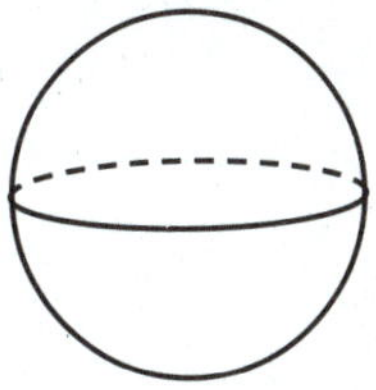 ☐

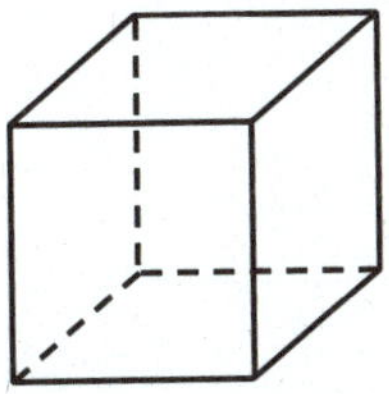 ☐

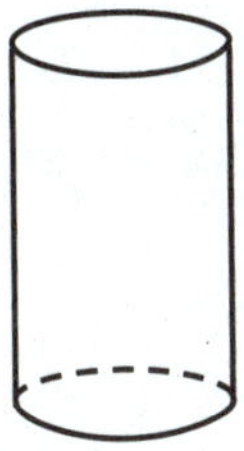 ☐

2 ¿Se **apila** o **rueda** la figura? Marca con una X.

	¿Se apila?	¿Rueda?
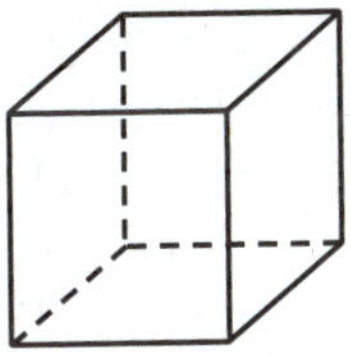		
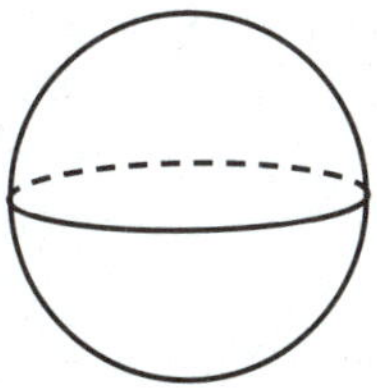		

3 Usa plastilina y pajillas para hacer un cubo.

Paso 1 Usa la plastilina para formar 4 esferas, como se muestra.

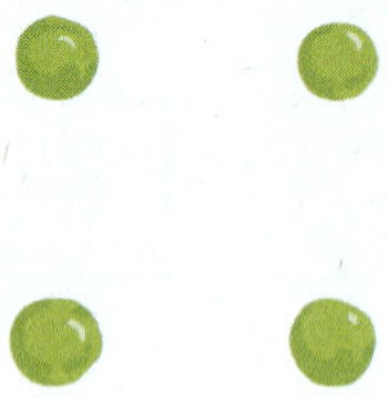

Paso 2 Usa 4 pajillas para conectar las esferas de plastilina.

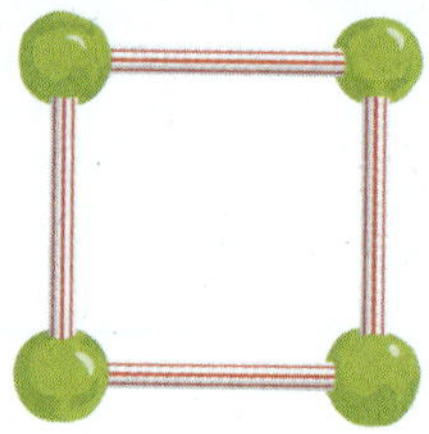

Paso 3 Repite el Paso 1 y el Paso 2 para hacer otro cuadrado.

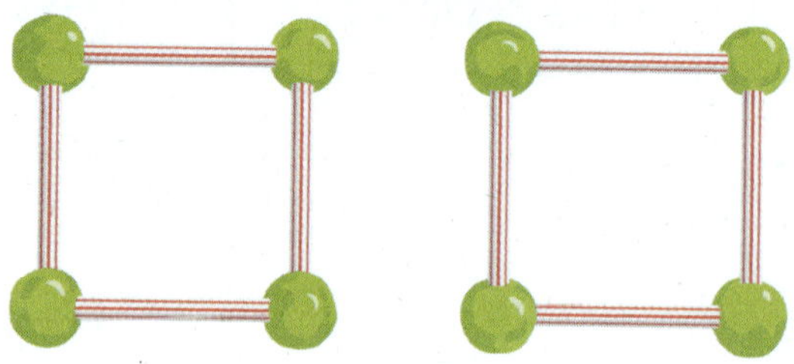

Paso 4 Usa 4 pajillas más para conectar los cuadrados y formar un cubo.

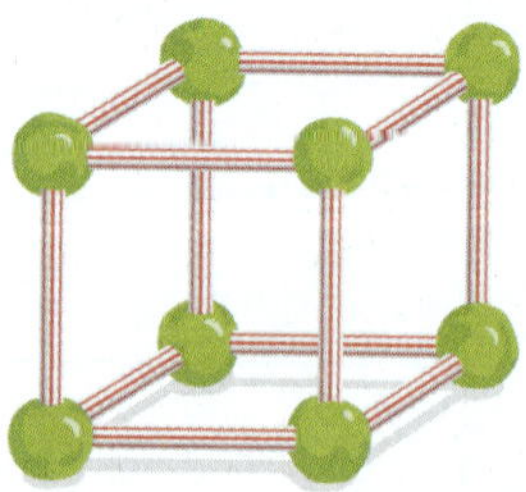

Comprobar la comprensión

MAESTRO: Dibujen un objeto que tiene forma de cilindro.

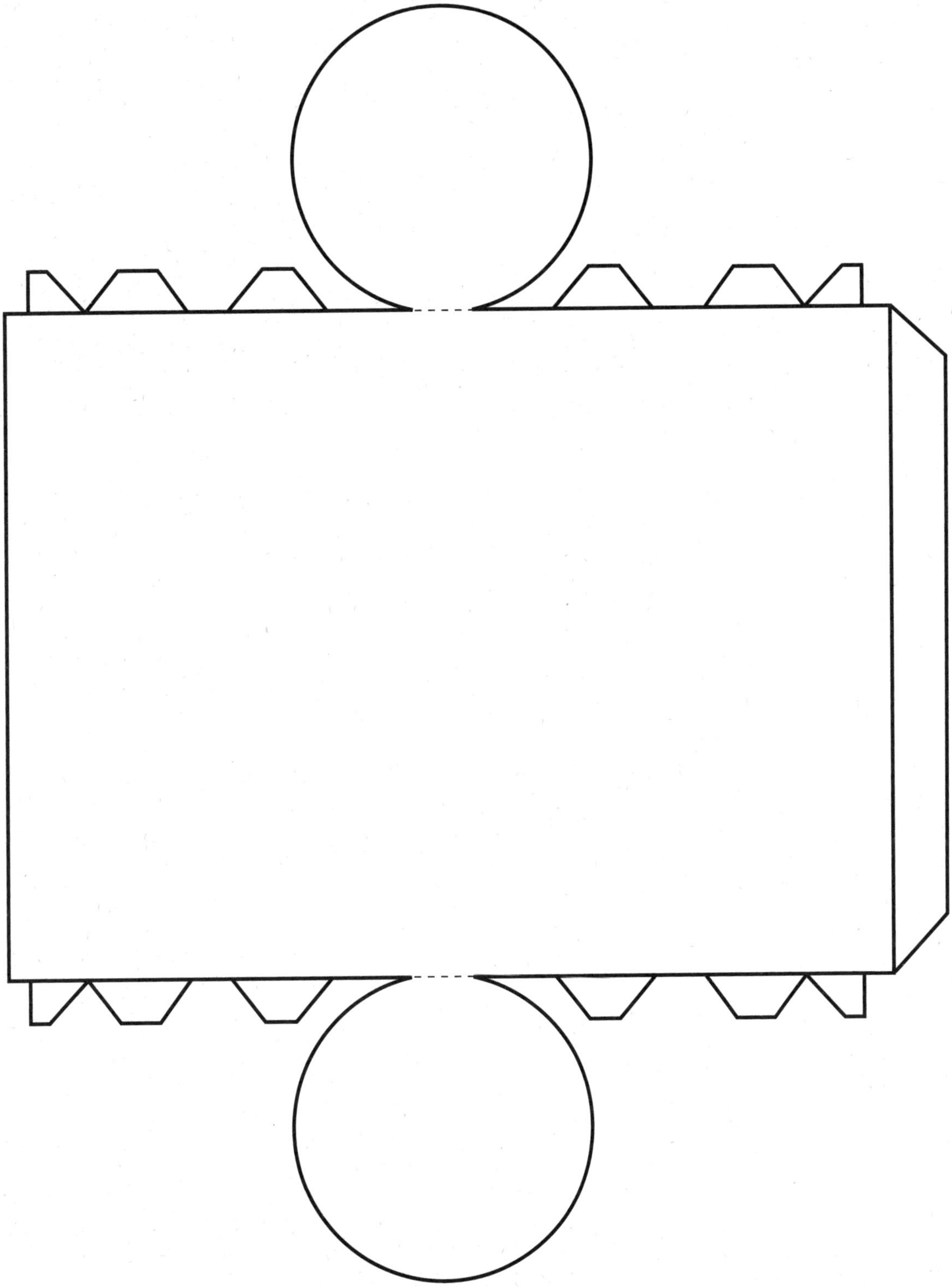

Nombre ___________________________

VOCABULARIO
cilindro

1 Encierra en un círculo los objetos con forma de cubo en el estante de arriba.
Encierra en un círculo los objetos con forma de **cilindro** en el estante del medio.
Encierra en un círculo los objetos con forma de esfera en el estante de abajo.

VOCABULARIO
cono

2 Colorea cada tipo de figura.

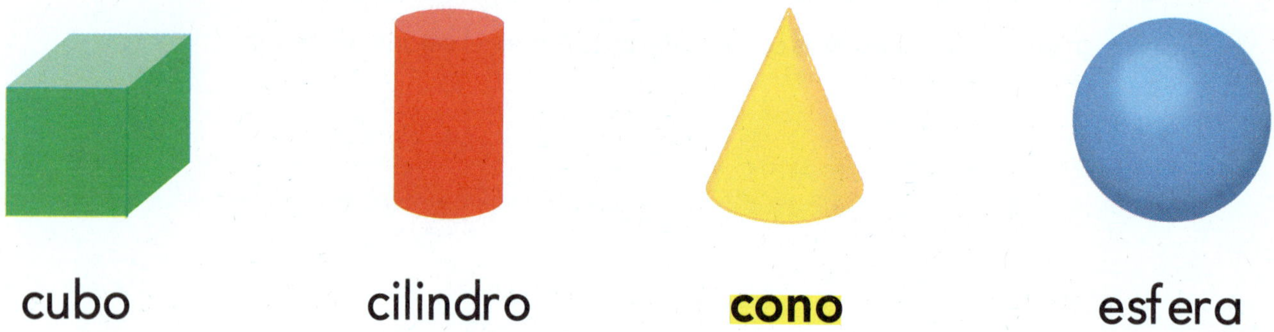

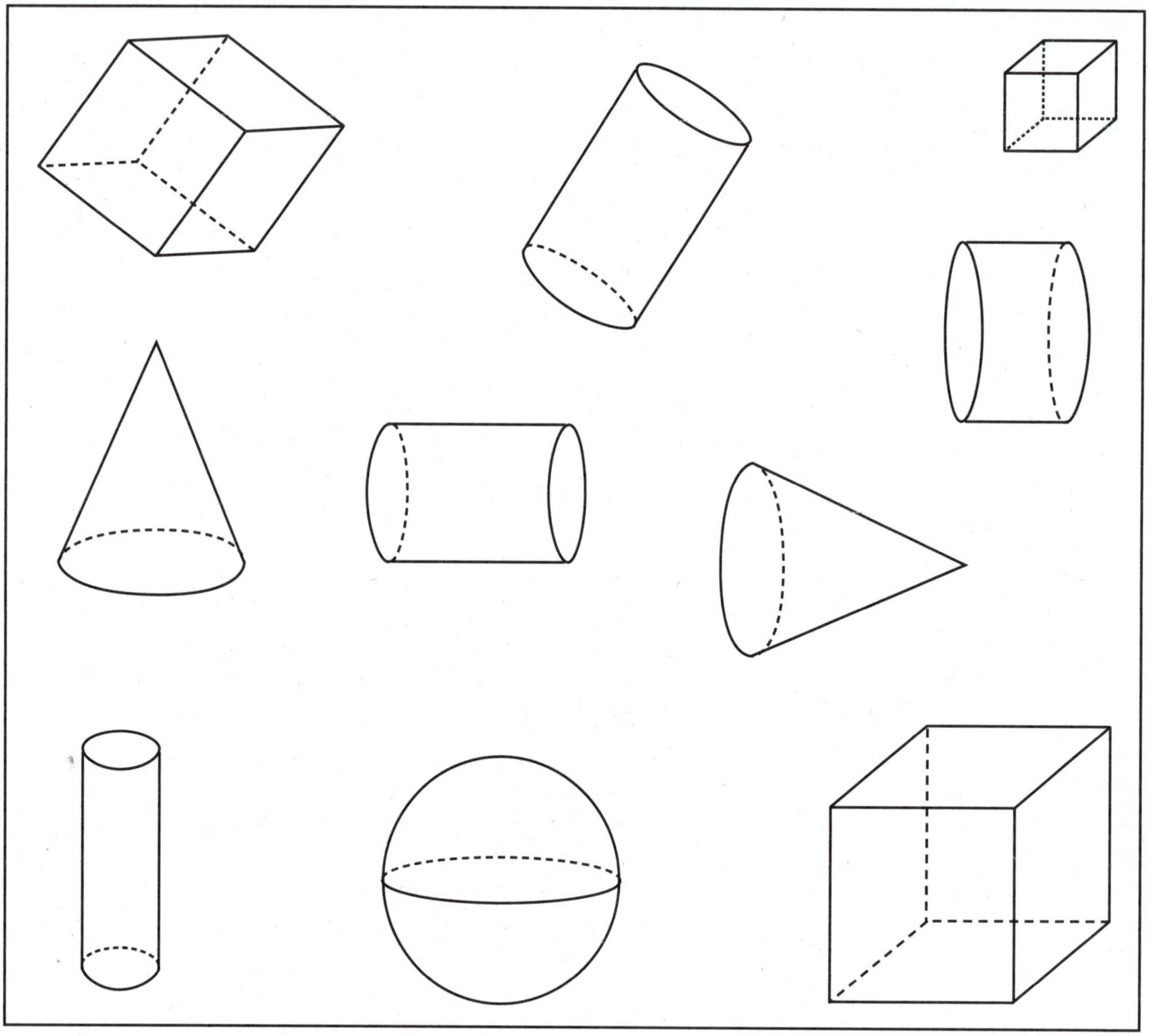

Comprobar el conocimiento 3

Nombre ____________________ Fecha __________

Camino al conocimiento

Suma los números.

1. $2 + 1 = \square$
2. $1 + 1 = \square$
3. $1 + 3 = \square$
4. $3 + 0 = \square$
5. $2 + 2 = \square$
6. $1 + 4 = \square$

Resta los números.

7. $1 - 1 = \square$
8. $2 - 2 = \square$
9. $3 - 0 = \square$
10. $5 - 2 = \square$

Nombre ____________________ Fecha ____________

Camino al conocimiento

Suma los números.

11 $1 + 0 = \square$

12 $2 + 1 = \square$

13 $2 + 2 = \square$

14 $4 + 1 = \square$

Resta los números.

15 $2 - 1 = \square$

16 $3 - 1 = \square$

17 $4 - 0 = \square$

18 $3 - 2 = \square$

19 $4 - 1 = \square$

20 $5 - 4 = \square$

Repaso/Prueba de la Unidad 4 Nombre ____________________ Fecha ____________

1 Dibuja una línea para mostrar las partes. Escribe las partes.

$10 = \square + \square$

---

2 La tienda tiene 9 manzanas. Papá compra 3 manzanas.
¿Cuántas manzanas quedan en la tienda?
Haz un dibujo para mostrar el problema matemático.

_____ manzanas

---

3 ¿Qué ecuación muestra las partes de 10 en la imagen?

○ $10 = 4 + 6$

○ $10 = 7 + 3$

○ $10 = 9 + 1$

Repaso/Prueba de la Unidad 4

Nombre ____________________ Fecha __________

4 Resta. Encierra en un círculo la respuesta.

$5 - 1 =$ 4 / 6

5 Suma. Encierra en un círculo la respuesta.

$5 + 0 =$ 0 / 5

Cuenta y escribe el número. Encierra en un círculo el número que es menos.

6

☐ ☐

7

☐ ☐

8 Dibuja líneas para emparejar la ecuación con el dibujo.

$10 + 4 = 14$ $10 + 3 = 13$ $10 + 1 = 11$

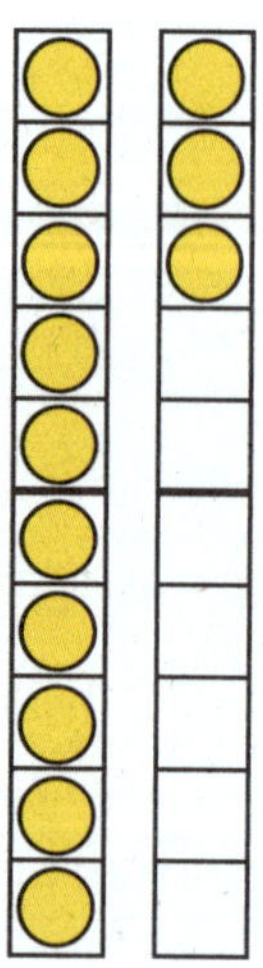

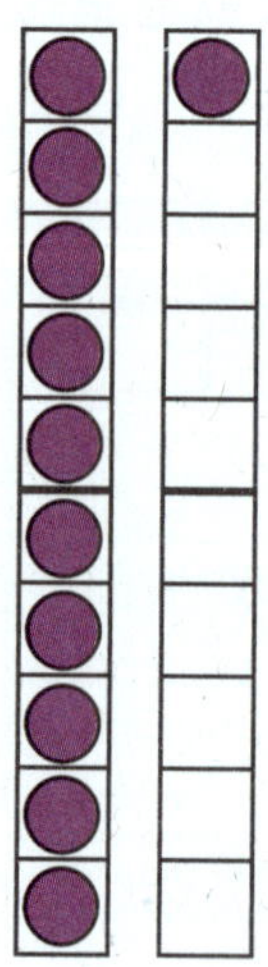

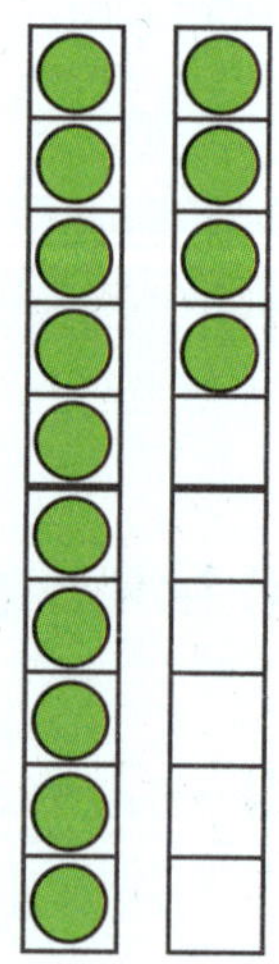

Nombre ______________________ Fecha ______________

9 Escoge todas las figuras geométricas.

○ 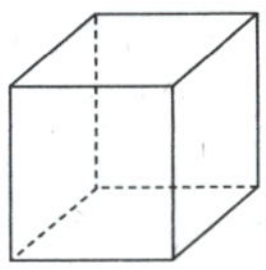 ○ 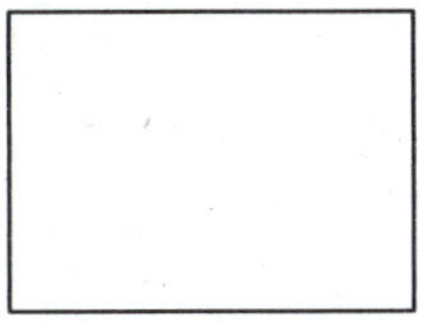 ○ 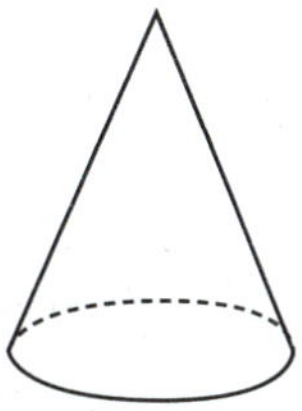 ○ 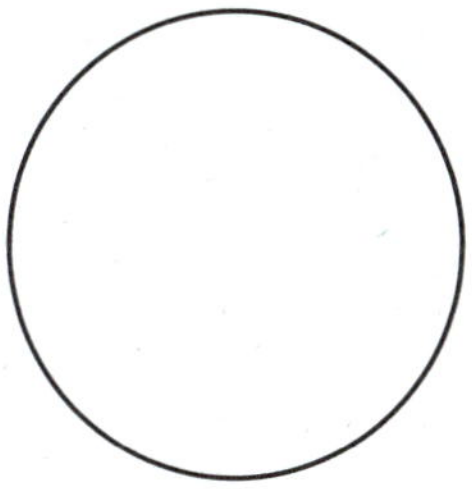

Usa la imagen de abajo para completar los Ejercicios 10 a 13.

10 ¿Cuántas esferas hay? ☐

11 ¿Cuántos cilindros hay? ☐

12 ¿Cuántos conos hay? ☐

13 ¿Cuántos cubos hay? ☐

Nombre ____________________ Fecha __________

14 Encierra en un círculo el cilindro que está junto al cubo.

15 Encierra en un círculo las fichas que muestran la esfera debajo del cubo.

16 Haz un dibujo para mostrar 14 como 10 unidades y unidades adicionales. Completa la ecuación.

10 + ☐ = ☐

Nombre ______________________________

Diversión en el supermercado

Parte A

$\square + \square = \square$

Parte B

$\square - \square = \square$

Nombre ____________________

¡Vamos a reciclar!

Parte A

Necesitas 5. .

☐ + ☐ = 5

☐ + ☐ = 5

Parte B

Tienes 7 . Regalas ______ .

Ahora tienes ______ .

7 − ☐ = ☐

Dear Family:

We are starting a new Unidad in math: Consolidation of Concepts. This unit builds on the concepts that were introduced in previous unit. For example, children will be creating and solving simple story problems, and making shape pictures. Math projects will include making Teen Number Books and a Night Sky display with stars in groups of ten.

Special emphasis will be on the teen numbers. Here are some ways you can help your child understand teen numbers:

- Make a game of finding teen numbers on signs and in printed materials.
- Encourage your child to count everyday objects (groups of 11–19 items). Ask your child to regroup the objects to show ten ones and extra ones.
- Continue to assist your child with math homework pages.

Thank you!

Sincerely,
Your child's teacher

Estimada familia:

Vamos a empezar una nueva unidad de matemáticas: Reforzar conceptos. Esta unidad se basa en los conceptos que se han estudiado en las unidades anteriores. Por ejemplo, los niños formularán y resolverán problemas sencillos y harán dibujos de figuras. Los proyectos de matemáticas consistirán en hacer libros de los números de 11 a 19 y un cartel que muestra el cielo de noche con estrellas en grupos de diez.

Se pondrá especial énfasis en los números de 11 a 19. Aquí tiene algunas sugerencias para ayudar a su niño a entender estos números:

- Invente un juego para buscar números de 11 a 19 en letreros y en materiales impresos.
- Anime a su niño a contar objetos cotidianos (grupos de 11 a 19 objetos). Pídale que reagrupe los objetos para mostrar, en cada caso, un grupo de diez unidades y otro grupo con las unidades que sobren.
- Siga ayudando a su niño con la tarea de matemáticas.

¡Gracias!

Atentamente,
El maestro de su niño

área	números que terminan en cero
capacidad	más pesado
columna	altura o estatura

10, 20, 30, 40, 50, 60, 70, 80, 90

Tamaño medido en unidades cuadradas.

El **área** del rectángulo es de 10 unidades cuadradas.

más pesado

La **capacidad** es la cantidad que puede contener un envase.

La **altura** es cuánto mide algo de alto y la **estatura** es cuánto mide una persona de alto.

1	11	21	31	41	51	61	71	81	91
2	12	22	32	42	52	62	72	82	92
3	13	23	33	43	53	63	73	83	93
4	14	24	34	44	54	64	74	84	94
5	15	25	35	45	55	65	75	85	95
6	16	26	36	46	56	66	76	86	96
7	17	27	37	47	57	67	77	87	97
8	18	28	38	48	58	68	78	88	98
9	19	29	39	49	59	69	79	89	99
10	20	30	40	50	60	70	80	90	100

el más pesado

el más liviano

longitud

más largo

más liviana

el más largo

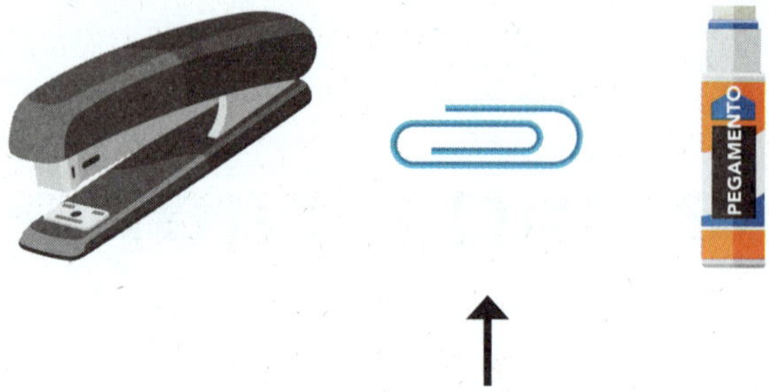

el más liviano

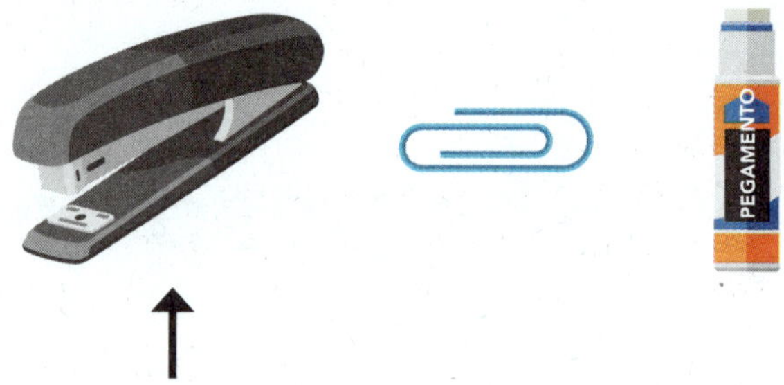

el más pesado

más largo

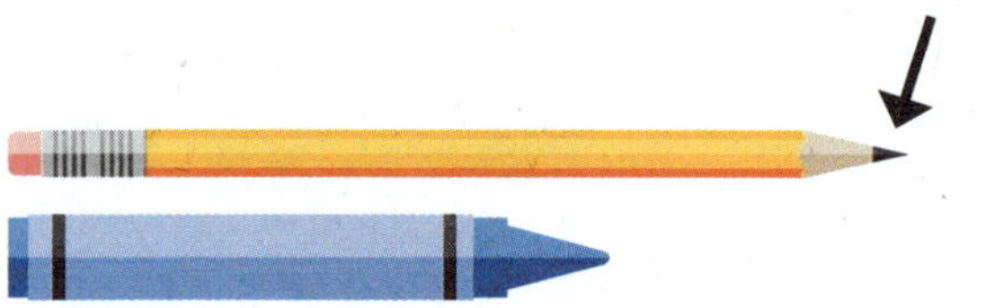

El lápiz es **más largo** que el crayón.

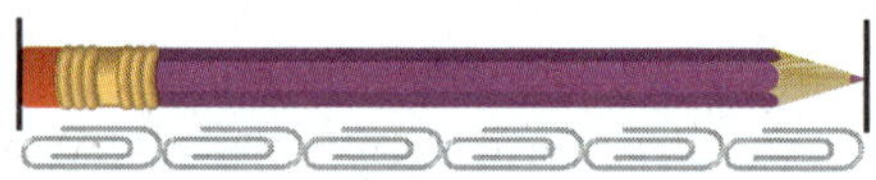

Este lápiz mide 6 clips de **longitud.**

el más largo

más liviana

cien	fila
unidades	más bajo (altura)
moneda de 25¢	más corto (longitud)

1	11	21	31	41	51	61	71	81	91
2	12	22	32	42	52	62	72	82	92
3	13	23	33	43	53	63	73	83	93
4	14	24	34	44	54	64	74	84	94
5	15	25	35	45	55	65	75	85	95
6	16	26	36	46	56	66	76	86	96
7	17	27	37	47	57	67	77	87	97
8	18	28	38	48	58	68	78	88	98
9	19	29	39	49	59	69	79	89	99
10	20	30	40	50	60	70	80	90	100

1	2	3	4	5	6	7	8	9	10
11	12	13	14	15	16	17	18	19	20
21	22	23	24	25	26	27	28	29	30
31	32	33	34	35	36	37	38	39	40
41	42	43	44	45	46	47	48	49	50
51	52	53	54	55	56	57	58	59	60
61	62	63	64	65	66	67	68	69	70
71	72	73	74	75	76	77	78	79	80
81	82	83	84	85	86	87	88	89	90
91	92	93	94	95	96	97	98	99	100

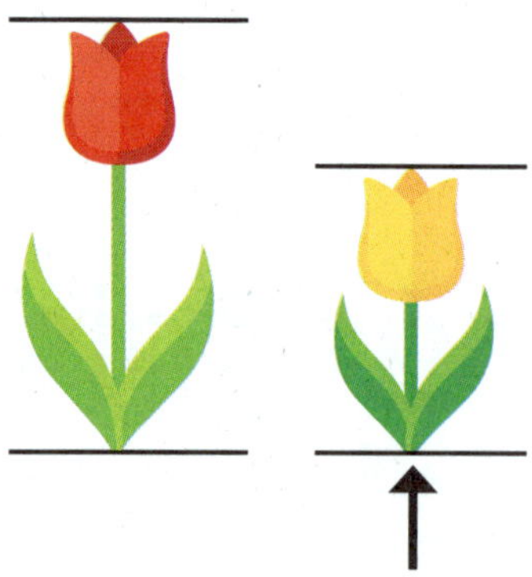

más baja

La flor amarilla es **más baja** que la flor roja.

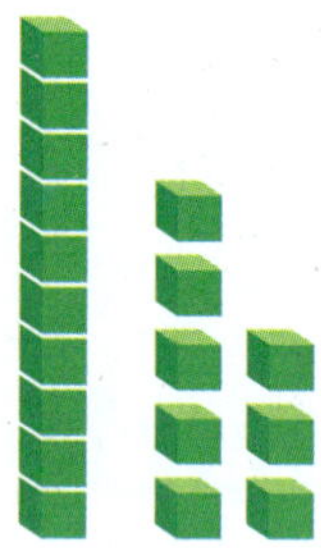

18 tiene 8 **unidades.**

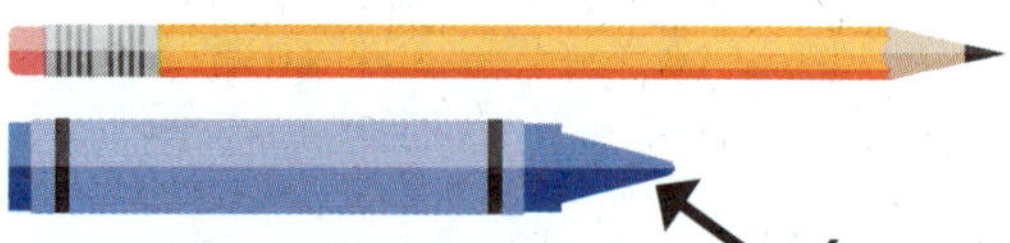

más corto

El crayón es **más corto** que el lápiz.

cara

reverso

25 centavos o 25¢

el más corto (longitud)

más alto

peso

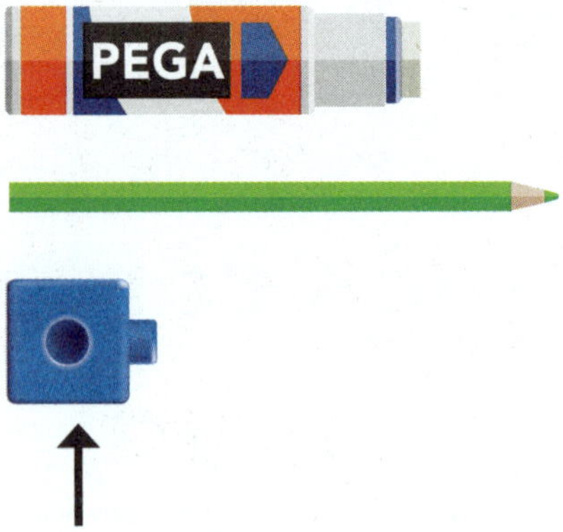

el más corto

El cubo es el objeto **más corto.**

más alta

La flor roja es **más alta** que la flor amarilla.

El **peso** es la medida de lo pesado que es un objeto.

Nombre ______________________________

1 Dibuja una fila de 10 objetos.
Luego dibuja una fila con otros objetos más.
Completa la ecuación.

10 + ☐ = ☐

2 Dibuja círculos para mostrar un número del 11 al 19.
Dibuja cuadrados para mostrar otro número del 11 al 19.
Encierra en un círculo el grupo que tiene más.
Dibuja una línea debajo del grupo que tiene menos.

Comprobar la comprensión

MAESTRO: Dibujen un grupo de objetos para mostrar el 14 como un grupo de 10 y otras unidades adicionales.

Nombre ______________________________

Cuenta las estrellas. Escribe el número.

Mi conteo

Mi conteo

Mi conteo

Mi conteo

Mi conteo

Mi conteo

Mi conteo

Ayuda al Pingüino Confundido.

Se le pidió al Pingüino Confundido que escribiera tres números del 11 al 19.
¿Escribió correctamente los números el Pingüino Confundido?

¿Cómo podemos ayudar al Pingüino Confundido a escribir los números correctos?
Escribe los números correctos para el Pingüino Confundido.

______ ______ ______

Comprobar la comprensión

MAESTRO: Dibujen un grupo de 16 objetos.

Dear Family:

It is important that your child learn to see the ten in teen numbers. Each teen number (11, 12, 13, 14, 15, 16, 17, 18, and 19) is made of ten ones and some "extra ones."

Please help your child at home with groups of 11–19 objects. Ask your child to show the group of ten ones, show the extra ones, and then write the number. Below are two ways to display 17 pieces of cereal in a group of ten and extra ones, shown with a sample dialogue about the cereal.

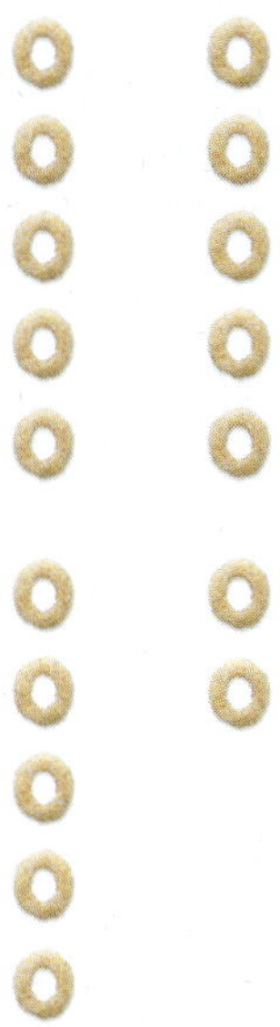

or

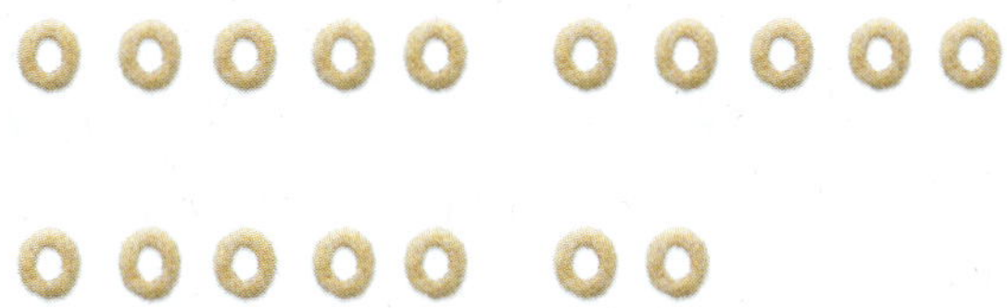

Here are some pieces of cereal. Let's find out how many pieces we have.

Can you make a 10-group?

How many extra ones do you have?

What number is a group of ten ones and 7 extra ones?

Can you write it?

If you have any questions or problems, please contact me. Thank you for your cooperation.

Sincerely,
Your child's teacher

Estimada familia:

Es importante que su niño aprenda a ver las decenas en los números de 11 a 19. Cada uno de estos números (11, 12, 13, 14, 15, 16, 17, 18 y 19) está formado por diez unidades más algunas "unidades adicionales".

Por favor, ayude a su niño en casa a formar grupos que tengan de 11 a 19 objetos. Pídale que muestre el grupo de diez unidades y las unidades adicionales, y que luego escriba el número. Abajo hay dos maneras de mostrar 17 rosquitas de cereal en un grupo de diez más las unidades adicionales, junto con un ejemplo de un diálogo sobre el cereal.

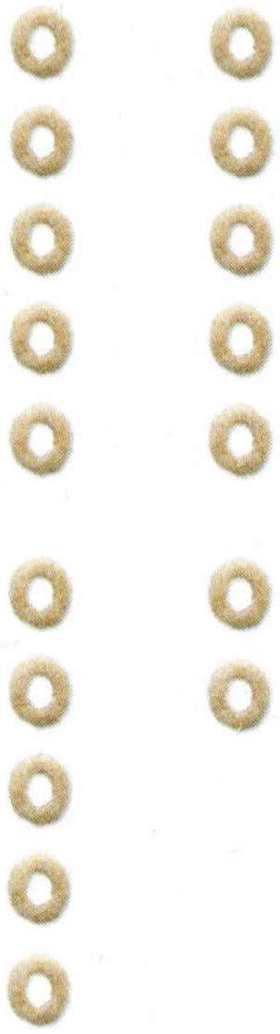

o

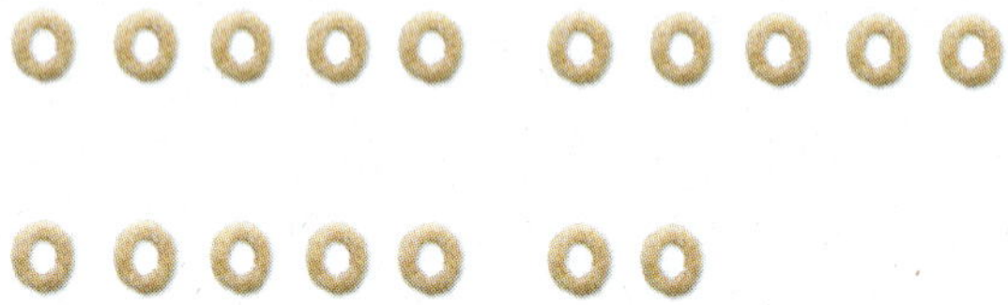

Aquí tenemos algunas rosquitas de cereal.
Veámos cuántas rosquitas tenemos.

¿Puedes formar un grupo de 10?

¿Cuántas unidades adicionales tienes?

¿Qué número es un grupo de diez unidades más 7 unidades adicionales?

¿Puedes escribirlo?

Si tiene alguna duda o pregunta, por favor comuníquese conmigo. Gracias por su cooperación.

Atentamente,
El maestro de su niño

Nombre ______________________________

Escribe la ecuación.

$10 = 1 + 9$

____

____

____

____

____

____

____

____

____

Dibuja círculos para mostrar cada número.
Escribe el diez y las unidades debajo de los círculos.
Completa las ecuaciones en la parte de abajo.

11	12	13	14	15	16	17	18	19	20
10 + 1	10 +	10 +	+	+	+	+	+	+	+

14 = 10 + ____ 12 = 10 + ____ 17 = 10 + ____ 16 = 10 + ____

15 = 10 + ____ 13 = 10 + ____ 19 = 10 + ____ 18 = 10 + ____

Comprobar la comprensión

MAESTRO: Dibujen un grupo de 10 unidades y algunas adicionales. Digan su número.

Nombre ____________________

VOCABULARIO
unidades

Encierra en un círculo las diez unidades.
Escribe las diez unidades y otras **unidades** más en cada ecuación.

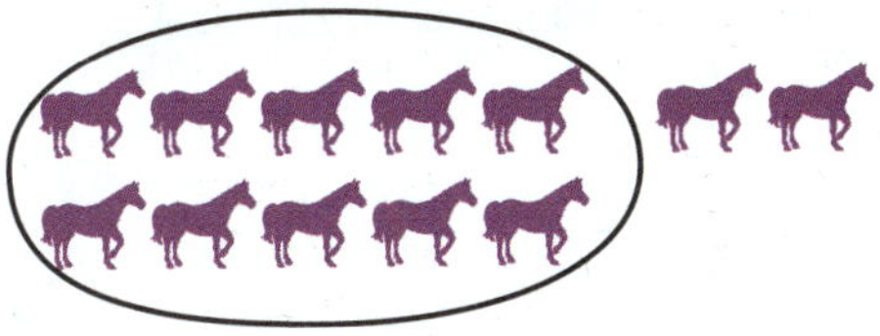

10 + 2 = 12

____ + ____ = ____

____ + ____ = ____

____ + ____ = ____

____ + ____ = ____

____ + ____ = ____

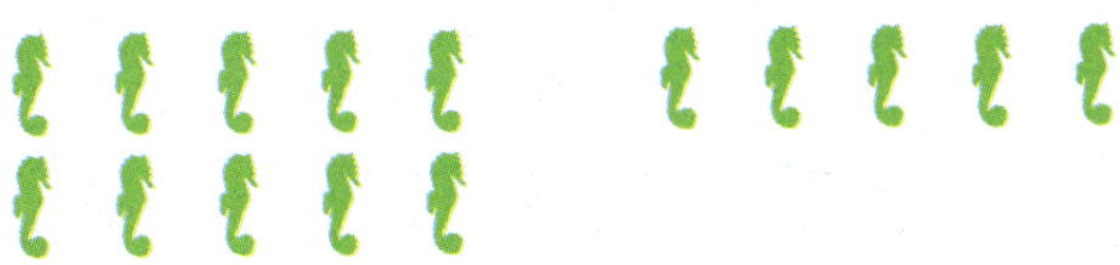

____ + ____ = ____

____ + ____ = ____

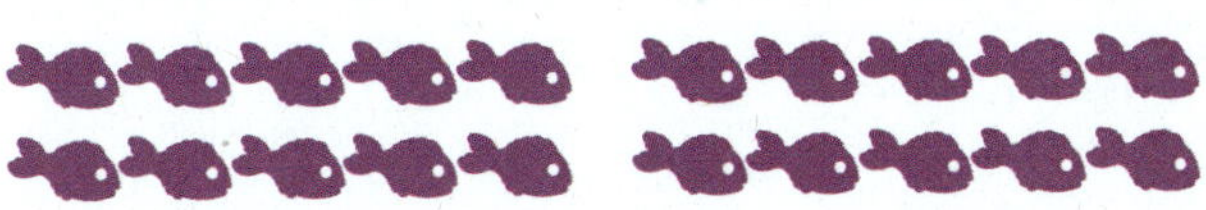

____ + ____ = ____

____ + ____ = ____

Cuenta las estrellas. Escribe el número.

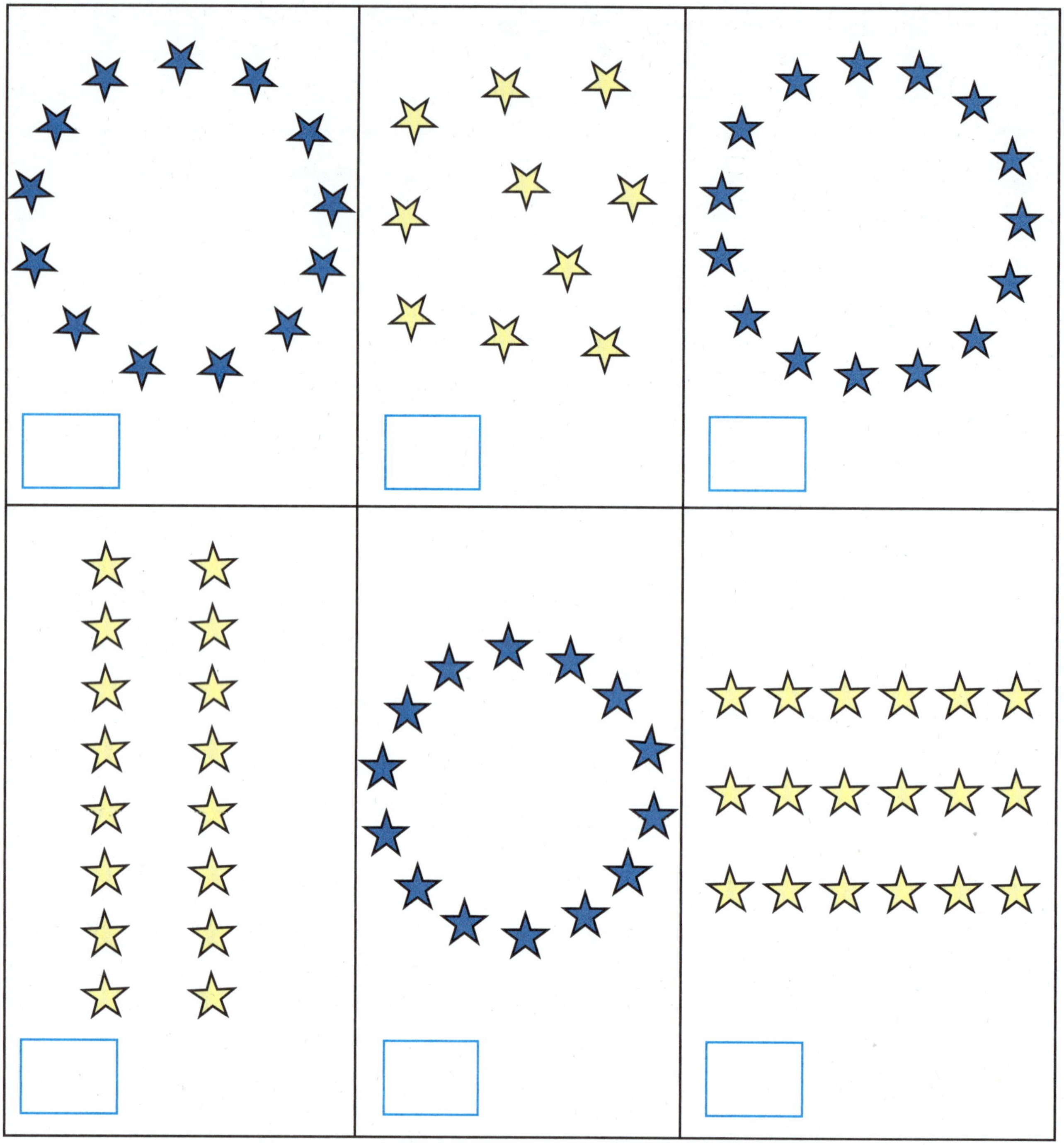

Comprobar la comprensión

MAESTRO: Resuelvan este problema. Hay 3 cachorros en el parque. Se les unen dos más. ¿Cuántos cachorros hay ahora?

☐ cachorros

Comprobar el conocimiento 4

Nombre ______________________ Fecha ____________

Camino al conocimiento

Suma los números.

$0 + 1 = \square$

$1 + 1 = \square$

$2 + 2 = \square$

$2 + 1 = \square$

$1 + 4 = \square$

$5 + 0 = \square$

Resta los números.

$1 - 1 = \square$

$2 - 2 = \square$

$4 - 2 = \square$

$5 - 3 = \square$

Comprobar el conocimiento 4

Nombre ______________________ Fecha ____________

Camino al conocimiento

Suma los números.

$2 + 0 = \square$

$1 + 2 = \square$

$4 + 0 = \square$

$2 + 3 = \square$

Resta los números.

$2 - 1 = \square$

$2 - 0 = \square$

$3 - 0 = \square$

$4 - 3 = \square$

$4 - 4 = \square$

$5 - 1 = \square$

Nombre ______________________________

VOCABULARIO
columna
fila

Escribe los números del 1 al 100 en columnas.
Comienza en la parte de arriba de cada **columna** y sigue hacia abajo.
Encierra en un círculo la última **fila** de números.
Di estos números en orden para contarlos por decenas.

1	11	21							
2									
10									100

Escribe los números del 1 al 100 en filas de izquierda a derecha.
Encierra en un círculo la última columna de números.
Di estos números en orden para contarlos por decenas.

1	2								10
11									
21									
									100

Comienza en 50. Cuenta por decenas hasta 100.

50 ☐ ☐ ☐ ☐ 100

Nombre ______________________________

Escribe cuántos hay.

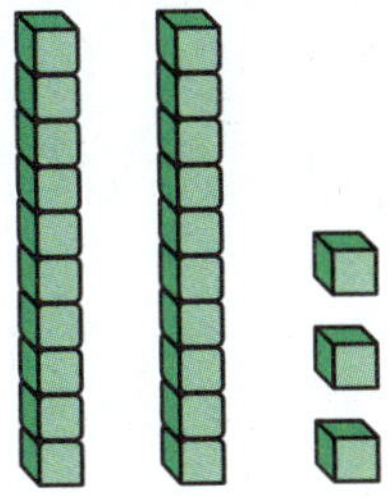

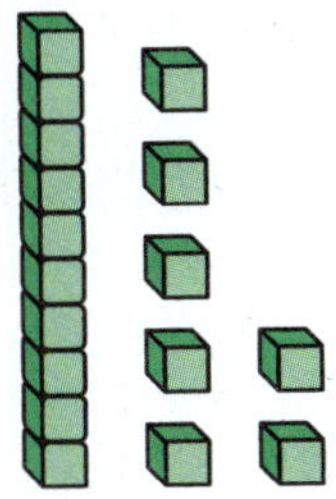

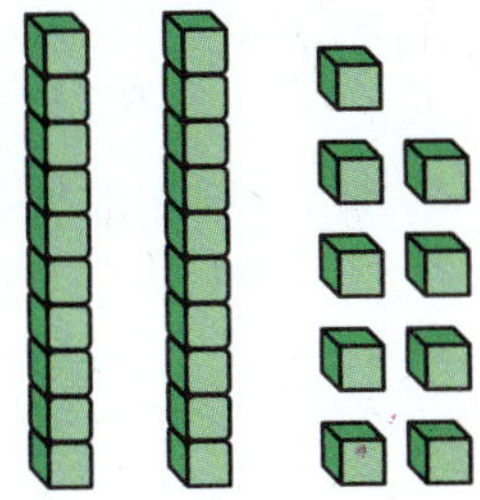

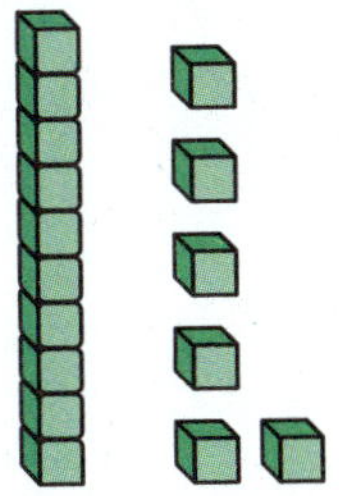

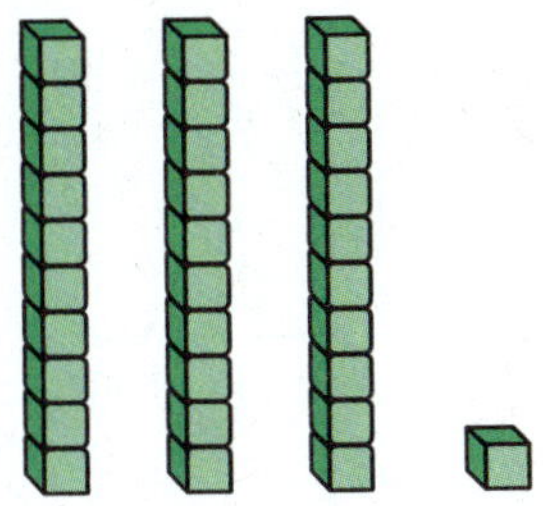

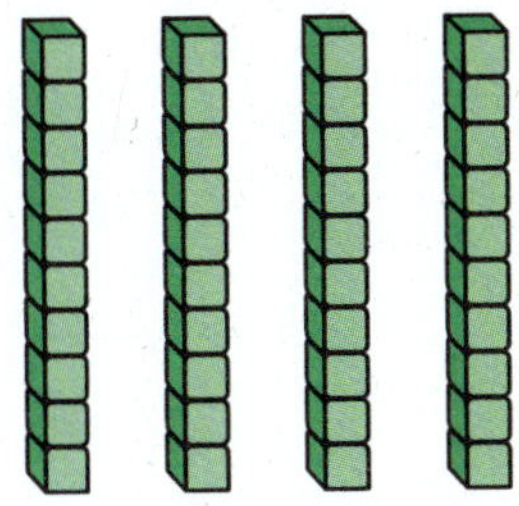

Cada caja tiene 10 crayones.

¿Cuántos crayones hay?

Escribe el número.

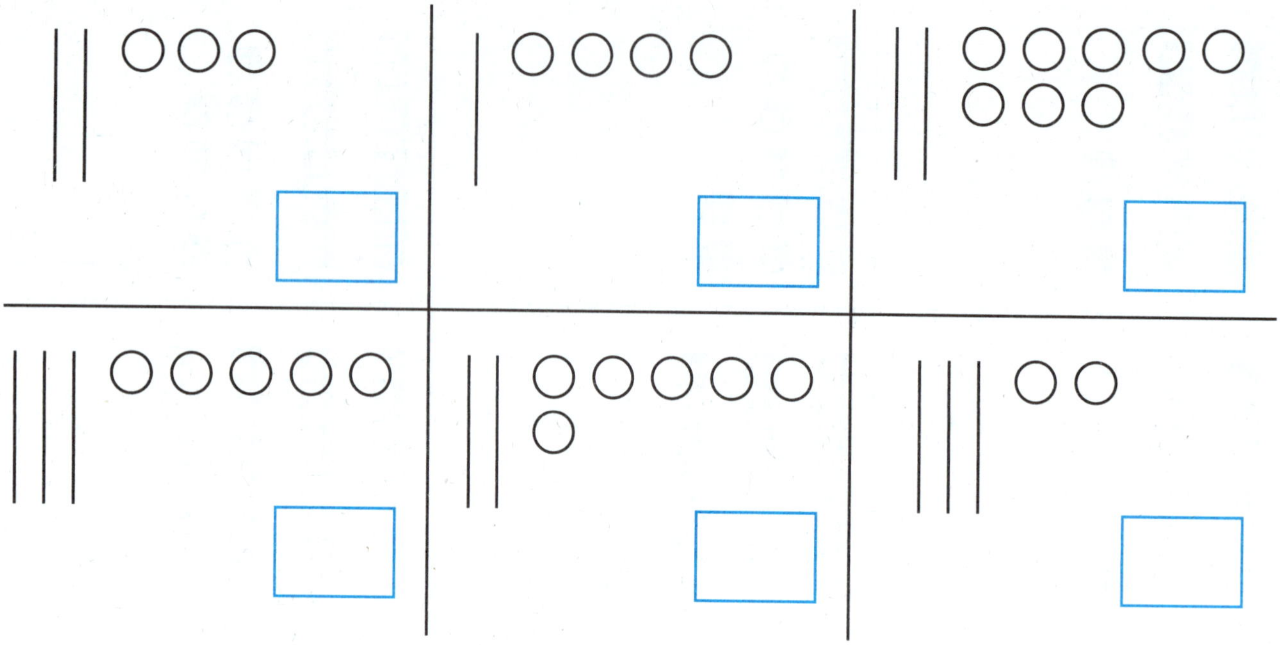

Dibuja palitos de 10 y círculos para mostrar el número.

13	21	19
24	33	26
11	40	25

Comprobar la comprensión

MAESTRO: Expliquen una manera de mostrar el número 29.

Nombre ______________________________

Hay 6 vacas.

Hay 3 ovejas.

Haz un dibujo para mostrar cuántos animales hay.

¿Cuántos animales hay?

☐ animales

Hay 9 patos.

Luego 6 patos se van nadando.

Haz un dibujo para mostrar cuántos patos quedan.

¿Cuántos patos quedan?

Quedan ☐ patos

Comprobar la comprensión

MAESTRO: Hay 6 tortugas sobre un tronco. Luego 3 se sumergen en el agua. ¿Cuántas tortugas quedan sobre el tronco? Hagan un dibujo matemático para resolver el problema y escriban la ecuación.

+	+	+
10	10	10
=	=	=
11	12	13

Tablero para jugar a Esconder el cero 11–13

+	+	+
10	10	10
=	=	=
14	15	16

Tablero para jugar a Esconder el cero 14–16

+	+	+
10	10	10
=	=	=
17	18	19

Nombre ______________________________

5

1 Escribe las partes de 5.

1 + 4	2 + 3	3 + 2	4 + 1

2 Camino al conocimiento Suma los números.

2 + 1 = ☐	3 + 1 = ☐	2 + 2 = ☐
2 + 3 = ☐	1 + 3 = ☐	3 + 2 = ☐
5 + 0 = ☐	4 + 1 = ☐	0 + 5 = ☐
3 + 1 = ☐	2 + 2 = ☐	1 + 4 = ☐

3 Camino al conocimiento Resta los números.

5 − 1 = ☐	3 − 2 = ☐	4 − 4 = ☐
4 − 2 = ☐	5 − 3 = ☐	2 − 1 = ☐
5 − 2 = ☐	4 − 3 = ☐	1 − 0 = ☐
4 − 1 = ☐	5 − 2 = ☐	3 − 1 = ☐

Comprobar la comprensión

MAESTRO: Coloreen algunos círculos. Escriban las partes de 5.

○ ○ ○ ○ ○ ____________

Comprobar la estrategia 2

Nombre ______________________ Fecha ______________

Hay 10 niños en el parque de recreo.
Luego 3 niños se van a su casa.

1 Haz un dibujo para mostrar el problema.

2 ¿Cuántos niños hay ahora en el patio de recreo? Escribe una ecuación.

____

Comprobar la estrategia 2

Nombre ______________________ Fecha ______________

Hay 13 patos en un estanque.

3 Usa fichas para mostrar el número de patos.

4 Escribe el número de patos como 10 y algunas unidades.

13 = ☐ + ☐

Nombre ______________________________

Dibuja Bolitas en cada Montaña matemática y escribe la parte.

6	6	6	6	6
5 + 1	4 + ☐	3 + ☐	2 + ☐	1 + ☐

5	5	5	5	2
4 + ☐	3 + ☐	2 + ☐	1 + ☐	1 + ☐

4	4	4	3	3
3 + ☐	2 + ☐	1 + ☐	2 + ☐	1 + ☐

10	10	10	10	10
9 + ☐	8 + ☐	7 + ☐	6 + ☐	5 + ☐

Escribe los números del 1 al 100.
Encierra en un círculo la última fila de números.
Di estos números en orden para contar por decenas.

1	11								
2									
10									100

Comienza en el 30. Cuenta por decenas hasta 100. Escribe los números.

30 ☐ ☐ ☐ ☐ ☐ ☐ 100

Nombre ____________________

VOCABULARIO
moneda de 25¢

Moneda de 1¢  U 1¢

Moneda de 5¢  C 5¢

Moneda de 10¢  D 10¢

Moneda de 25¢  V 25¢

Cara Cruz

Escribe la letra y el número de centavos.

 C 5 ¢

 ____ ☐ ¢

 ____ ☐ ¢

 ____ ☐ ¢

 ____ ☐ ¢

 ____ ☐ ¢

 ____ ☐ ¢

 ____ ☐ ¢

Observa las monedas.
Escribe el número de centavos.

1  ☐ ¢

2  ☐ ¢

3  ☐ ¢

4  ☐ ¢

5  ☐ ¢

6  ☐ ¢

7  ☐ ¢

Comprobar la comprensión

MAESTRO: Dibujen una Montaña matemática con 10 arriba y 5 a un lado. Luego escriban la parte desconocida.

Nombre ____________________

1 Escribe las partes de 6.

6

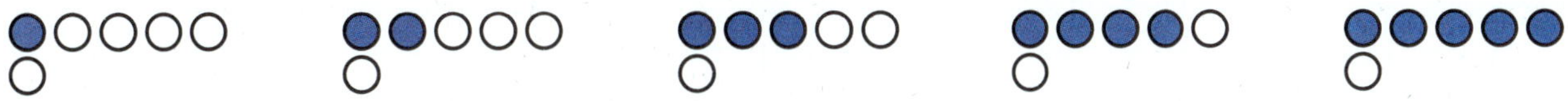

1 + 5 | 2 + 4 | 3 + 3 | 4 + 2 | 5 + 1

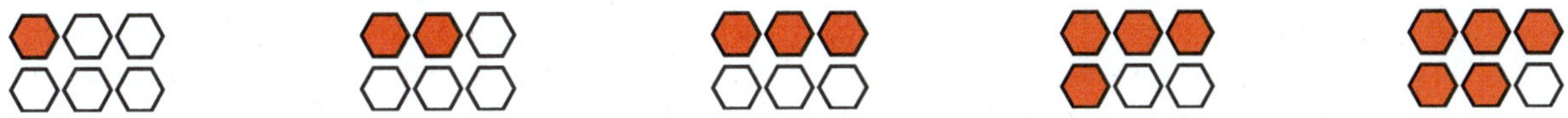

_____ _____ _____ _____ _____

_____ _____ _____ _____ _____

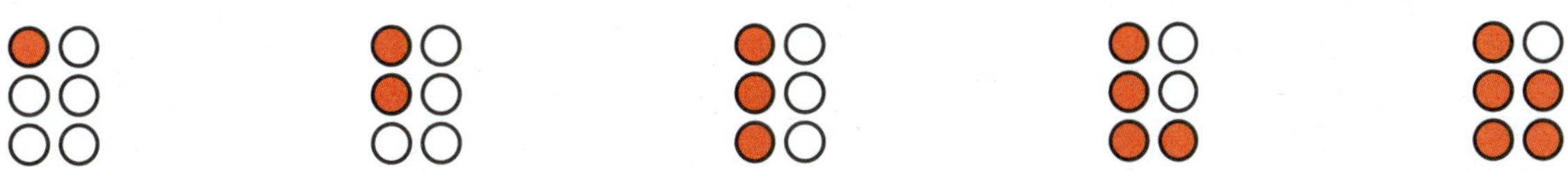

_____ _____ _____ _____ _____

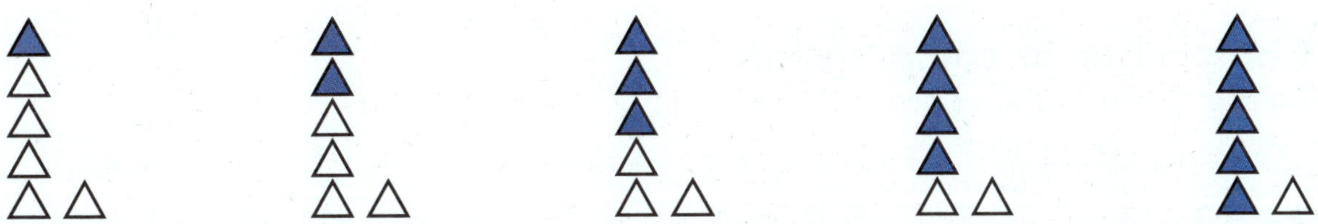

_____ _____ _____ _____ _____

2 Camino al conocimiento Suma los números.

1 + 1 = ☐	1 + 4 = ☐	2 + 1 = ☐
1 + 0 = ☐	3 + 2 = ☐	4 + 1 = ☐
2 + 2 = ☐	2 + 1 = ☐	3 + 0 = ☐
2 + 3 = ☐	1 + 2 = ☐	3 + 1 = ☐
1 + 8 = ☐	4 + 3 = ☐	7 + 3 = ☐
6 + 4 = ☐	4 + 4 = ☐	4 + 2 = ☐
5 + 5 = ☐	4 + 5 = ☐	6 + 2 = ☐

Comprobar la comprensión

MAESTRO: Resuelvan las ecuaciones.

3 + 3 = ☐ 5 + 1 = ☐ 4 + 2 = ☐

Nombre ______________________________

1 Camino al conocimiento Resta los números. Usa tus dedos o haz un dibujo.

3 − 2 = ☐	5 − 5 = ☐	2 − 2 = ☐
4 − 1 = ☐	4 − 3 = ☐	3 − 1 = ☐
3 − 3 = ☐	5 − 2 = ☐	4 − 3 = ☐
5 − 0 = ☐	4 − 2 = ☐	3 − 0 = ☐
2 − 1 = ☐	5 − 4 = ☐	5 − 3 = ☐

2 Escribe el signo = o ≠ para mostrar es igual a o no es igual a.

2 (≠) 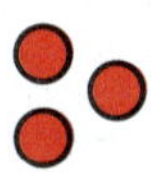	 ◯ 	10 ◯ 2 + 8
5 ◯ 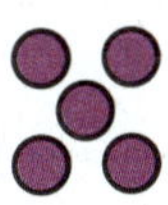	 ◯ 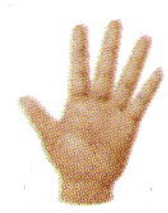	6 ◯ 5 + 2
3 ◯ 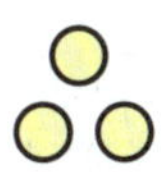	 ◯ 	9 ◯ 3 + 4
1 ◯ 	 ◯ 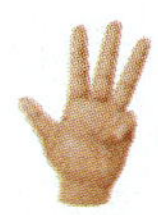	7 ◯ 1 + 6
4 ◯ 	 ◯ 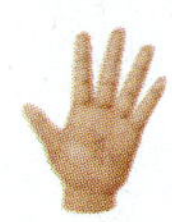	8 ◯ 4 + 4

3 Cuenta y escribe cuántos hay. Encierra en un círculo el grupo que tiene menos.

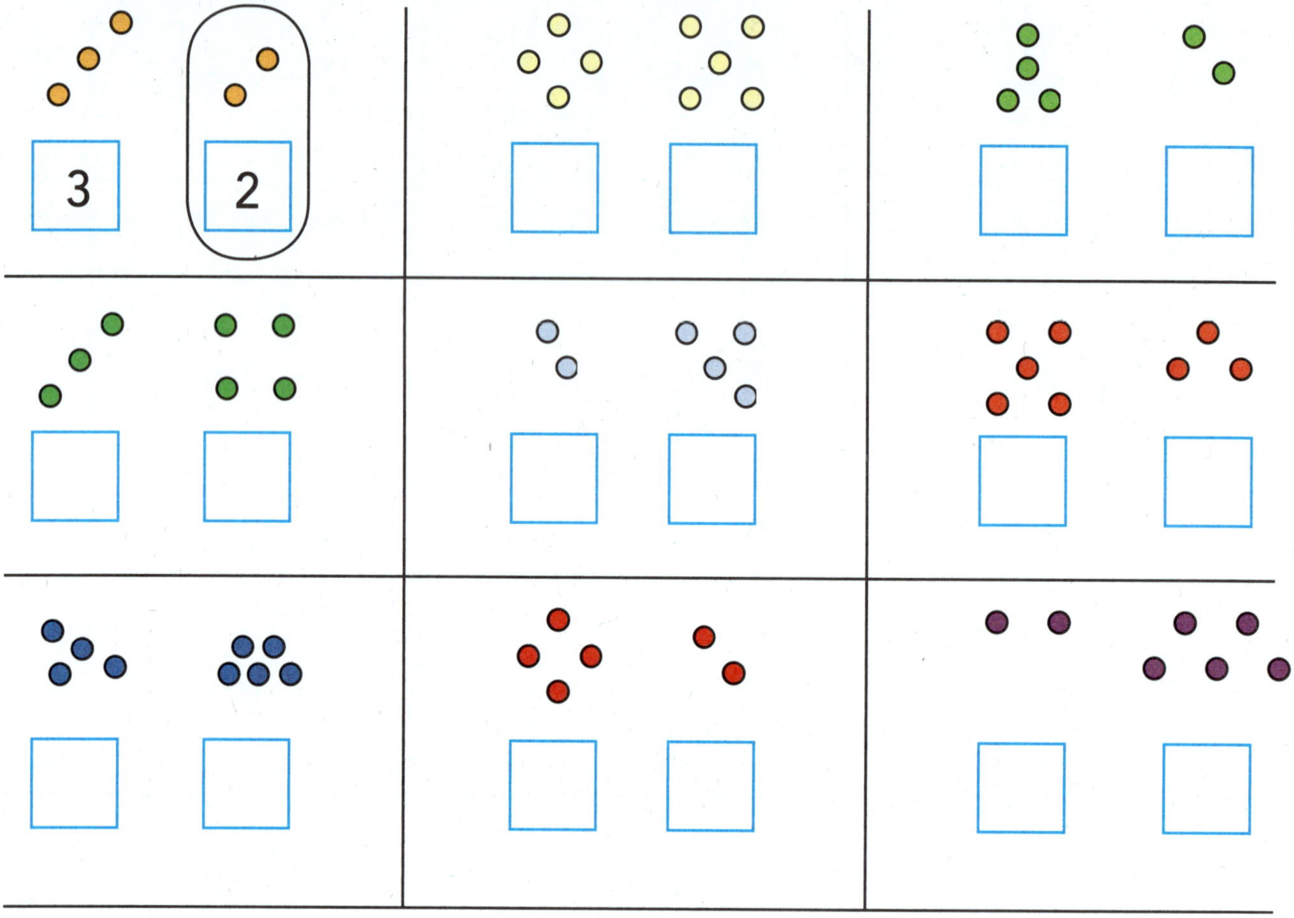

4 Escribe los números del 11 hasta el 30.

11									

Comprobar la comprensión

MAESTRO: Dibujen dos grupos de círculos. Luego usen el signo = o el signo ≠ para indicar si los grupos son iguales o no son iguales.

10

11

Mi Libro de números del 11 al 19 de la Unidad 5

Por____________________

Para 10 y 11, dibuja ese mismo número de cosas y encierra en un círculo 10.

12	13
14	15

Para 12, 13, 14 y 15, dibuja ese mismo número de cosas y encierra en un círculo 10.

16	17
18	19

Para 16, 17, 18 y 19, dibuja ese mismo número de cosas y encierra en un círculo 10.

Nombre ____________________

Dibuja una línea para emparejar las partes de 10.

1. 4 • • 8

2. 5 • • 6

3. 2 • • 5

4. 1 • • 2

5. 8 • • 9

Dibuja una línea para emparejar las partes de 10.

6 3 • • 4

7 6 • • 3

8 9 • • 7

9 7 • • 1

✓ Comprobar la comprensión

MAESTRO: Dibujen objetos para mostrar los números 14 y 18. Usen grupos de 10.

10 = ________

10 = ____

Nombre ____________________

Partes de 10

Escribe las partes de 10 en orden.

1

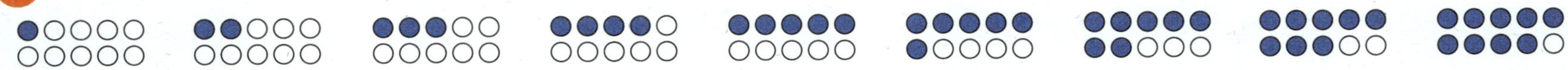

1 + 9	2 + 8	3 + 7	4 + 6	5 + 5	6 + 4	7 + 3	8 + 2	9 + 1

2

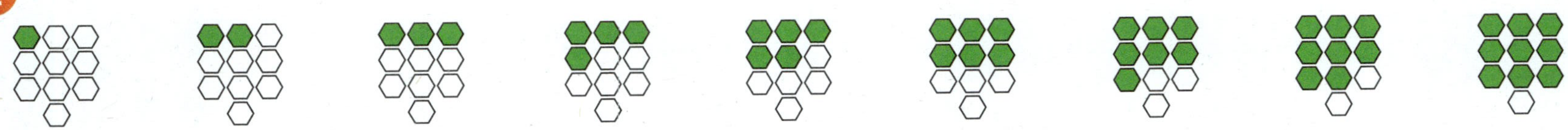

___ + ___   ___ + ___   ___ + ___   ___ + ___   ___ + ___   ___ + ___   ___ + ___   ___ + ___   ___ + ___

3

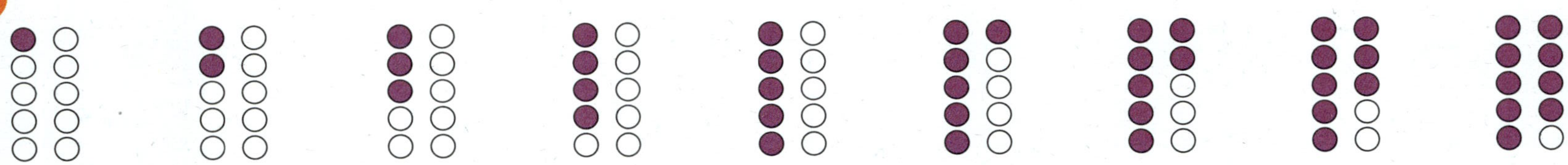

___ + ___   ___ + ___   ___ + ___   ___ + ___   ___ + ___   ___ + ___   ___ + ___   ___ + ___   ___ + ___

4

___ + ___   ___ + ___   ___ + ___   ___ + ___   ___ + ___   ___ + ___   ___ + ___   ___ + ___   ___ + ___

5 Camino al conocimiento Resta los números.

$2 - 2 = \square$	$3 - 2 = \square$	$5 - 4 = \square$
$3 - 1 = \square$	$2 - 1 = \square$	$5 - 2 = \square$
$4 - 1 = \square$	$3 - 1 = \square$	$4 - 0 = \square$
$5 - 1 = \square$	$5 - 3 = \square$	$4 - 2 = \square$
$10 - 4 = \square$	$9 - 2 = \square$	$7 - 2 = \square$
$10 - 3 = \square$	$8 - 4 = \square$	$6 - 1 = \square$
$7 - 4 = \square$	$6 - 5 = \square$	$10 - 2 = \square$

Comprobar la comprensión

MAESTRO: Escriban todas las partes de 10.

____

____

Nombre ____________________

Partes de 7

Escribe las partes de 7 en orden.

1

1 + 6 | 2 + 5 | 3 + 4 | 4 + 3 | 5 + 2 | 6 + 1

2

___ + ___ | ___ + ___ | ___ + ___ | ___ + ___ | ___ + ___ | ___ + ___

3

___ + ___ | ___ + ___ | ___ + ___ | ___ + ___ | ___ + ___ | ___ + ___

4

___ + ___ | ___ + ___ | ___ + ___ | ___ + ___ | ___ + ___ | ___ + ___

5

___ + ___ | ___ + ___ | ___ + ___ | ___ + ___ | ___ + ___ | ___ + ___

6 Suma los números.

$1 + 2 = \square$	$3 + 3 = \square$	$8 + 2 = \square$
$2 + 5 = \square$	$4 + 4 = \square$	$7 + 2 = \square$
$1 + 6 = \square$	$6 + 3 = \square$	$6 + 4 = \square$
$2 + 8 = \square$	$5 + 2 = \square$	$5 + 0 = \square$
$5 + 3 = \square$	$7 + 1 = \square$	$2 + 1 = \square$
$5 + 4 = \square$	$6 + 1 = \square$	$4 + 5 = \square$
$6 + 2 = \square$	$9 + 0 = \square$	$7 + 3 = \square$
$6 + 0 = \square$	$2 + 1 = \square$	$8 + 0 = \square$

Comprobar la comprensión

MAESTRO: Expliquen cómo pueden encontrar todas las partes de 7.

Nombre ______________________

Empareja. Agrega más figuras para hacer que los dos grupos sean iguales. Escribe el número y las partes.

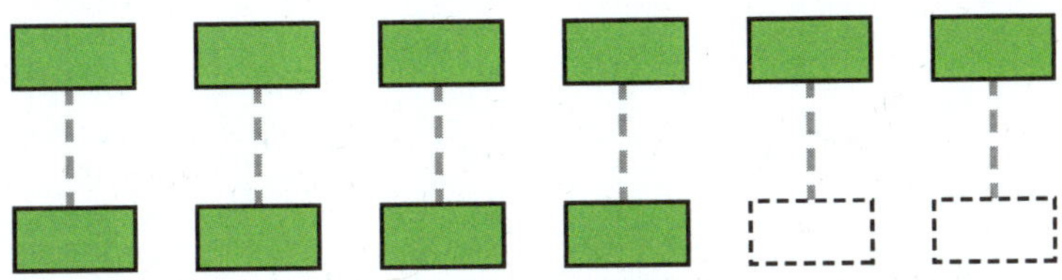

6
4 + 2

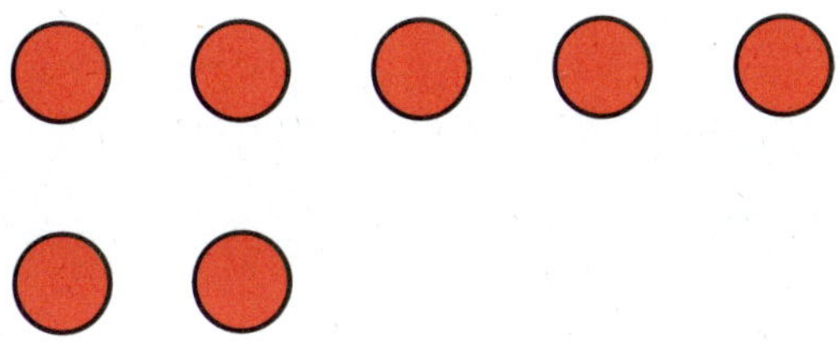

______
______

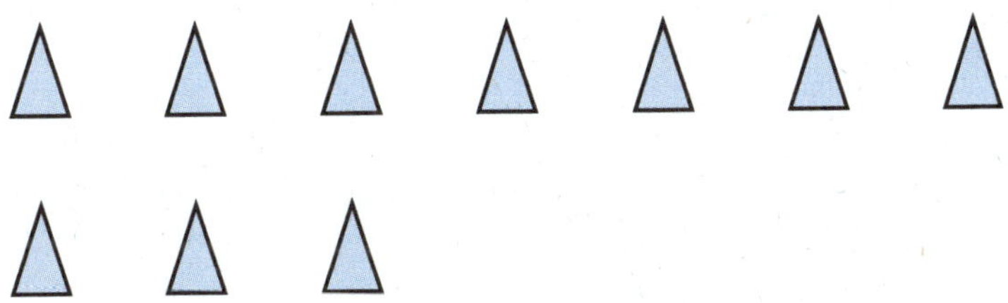

______
______

______
______

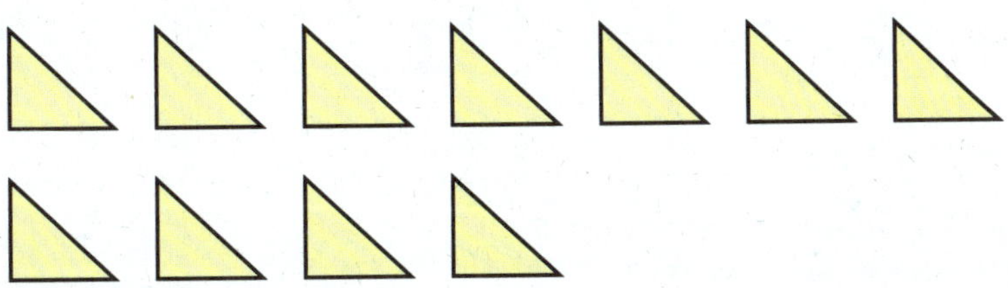

______
______

1 Escribe los números del 1 al 20.

1									
11									

---

2 Dibuja Bolitas en las Montañas matemáticas. Comenta la manera en que cambian los números en las partes.

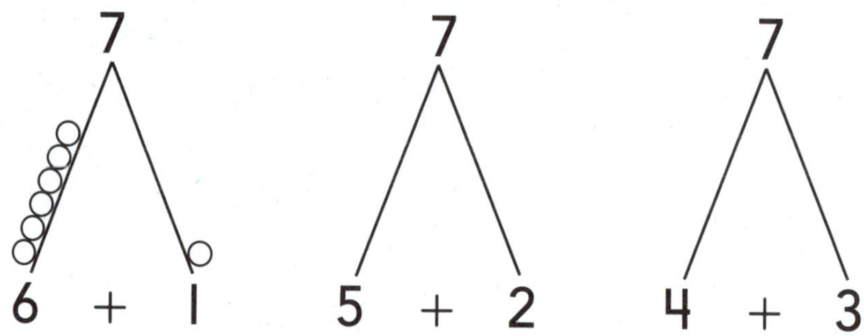

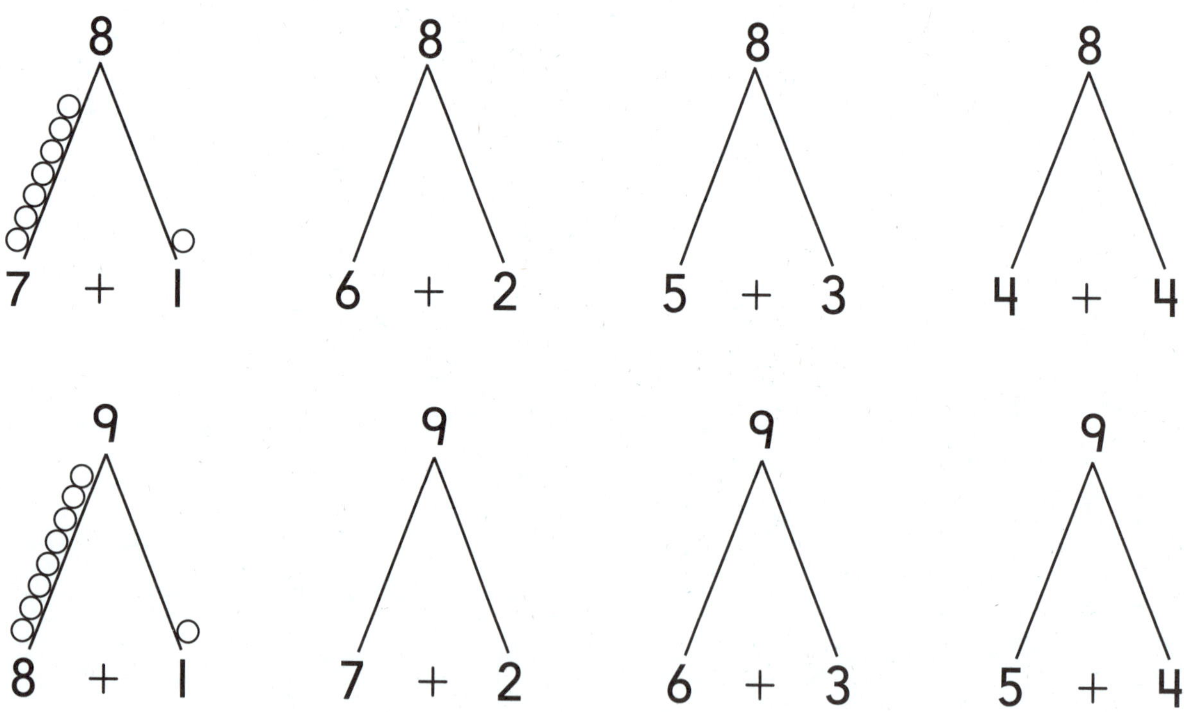

Comprobar la comprensión

MAESTRO: Si una parte de 8 es 2, ¿cuál es la otra parte? ☐

Comprobar el conocimiento 5

Nombre ______________________ Fecha ______________________

Camino al conocimiento

Suma los números.

$0 + 0 = \square$

$1 + 0 = \square$

$3 + 0 = \square$

$1 + 1 = \square$

$1 + 3 = \square$

$4 + 1 = \square$

Resta los números.

$1 - 0 = \square$

$4 - 1 = \square$

$3 - 2 = \square$

$5 - 0 = \square$

Comprobar el conocimiento 5

Nombre ______________________ Fecha ______________

Camino al conocimiento

Suma los números.

$2 + 0 = \square$

$0 + 3 = \square$

$3 + 2 = \square$

$3 + 1 = \square$

Resta los números.

$1 - 1 = \square$

$2 - 2 = \square$

$4 - 2 = \square$

$3 - 1 = \square$

$4 - 0 = \square$

$5 - 2 = \square$

Nombre ______________________________

Dibuja Bolitas. Escribe cuántas hay en cada Montaña matemática.

6 + 1   5 + 2   4 + 3

7 + 1   6 + 2   5 + 3   4 + 4

8 + 1   7 + 2   6 + 3   5 + 4

9 + 1   8 + 2   7 + 3   6 + 4   5 + 5

Camino al conocimiento Resta los números.

$5 - 3 = \square$	$2 - 0 = \square$	$4 - 1 = \square$
$3 - 3 = \square$	$5 - 4 = \square$	$1 - 0 = \square$
$4 - 2 = \square$	$2 - 1 = \square$	$5 - 2 = \square$
$5 - 4 = \square$	$3 - 2 = \square$	$3 - 1 = \square$
$4 - 4 = \square$	$5 - 1 = \square$	$4 - 3 = \square$

$9 - 6 = \square$	$7 - 2 = \square$	$10 - 5 = \square$
$7 - 4 = \square$	$8 - 6 = \square$	$6 - 2 = \square$
$10 - 2 = \square$	$9 - 5 = \square$	$8 - 3 = \square$
$10 - 4 = \square$	$6 - 3 = \square$	$9 - 2 = \square$

Comprobar la comprensión

MAESTRO: Dibujen Montañas matemáticas para mostrar todas las partes de 8. Dibujen Bolitas como ayuda.

Nombre ______________________________

Escribe los números y compáralos.

Escribe M para mayor y m para menor.

Tacha para que los grupos sean iguales.

1 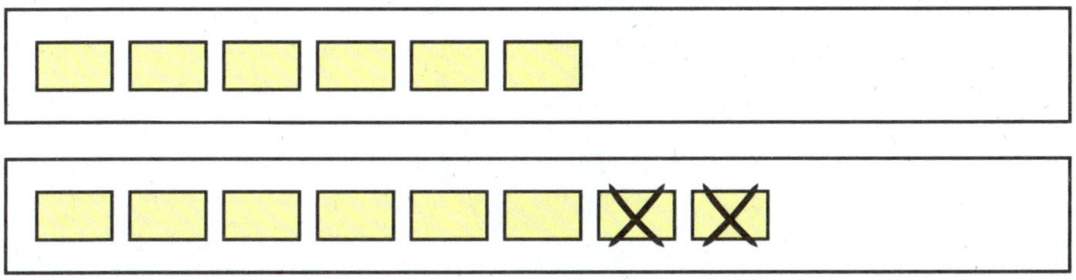

| 6 | m |
| 8 | M |

2 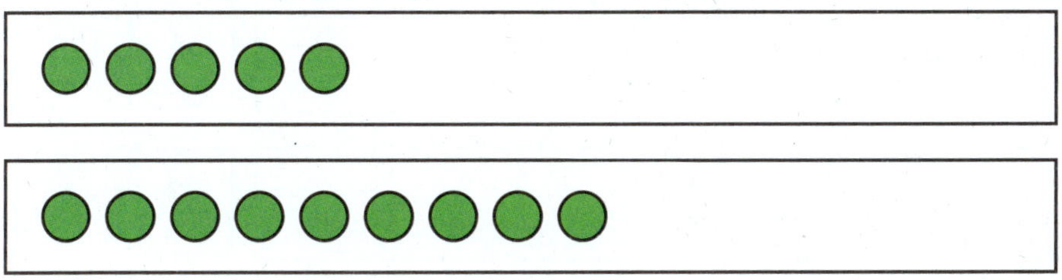

| ☐ | ___ |
| ☐ | ___ |

3 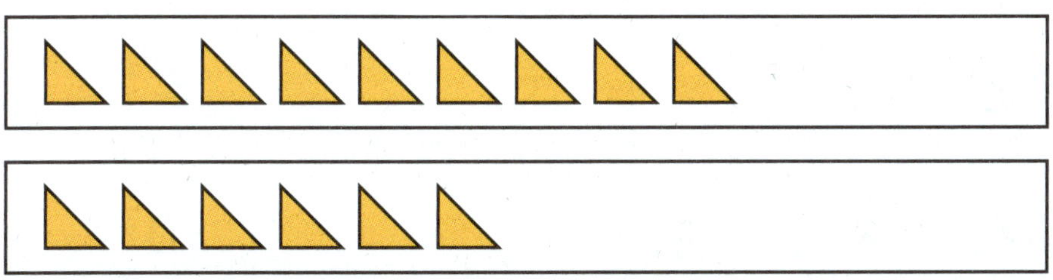

| ☐ | ___ |
| ☐ | ___ |

4 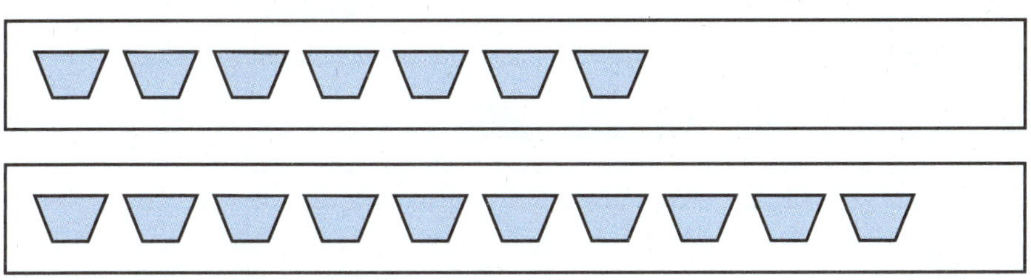

| ☐ | ___ |
| ☐ | ___ |

5 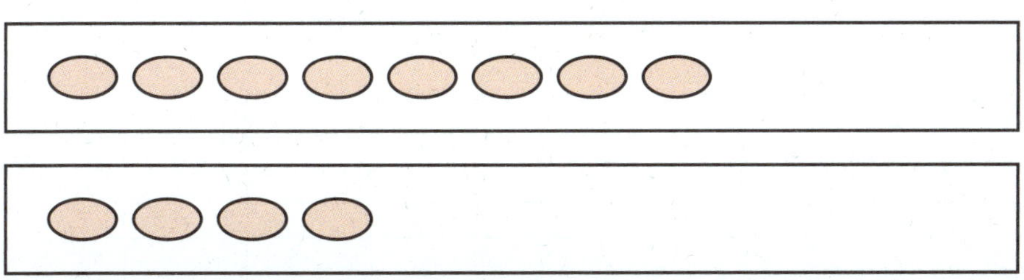

| ☐ | ___ |
| ☐ | ___ |

6 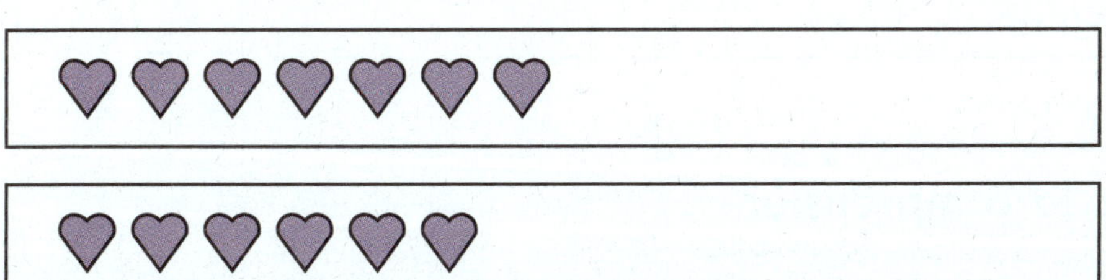

| ☐ | ___ |
| ☐ | ___ |

El Pingüino Confundido comparó el número de objetos en cada grupo y escribió M para mayor y m para menor. Tacha los que sobran para verificar las respuestas del Pingüino Confundido.

7

◆◆◆◆◆◆	6	m
◆◆◆◆◆◆◆	7	M

8

■■■■■■■■	8	M
■■■■■■■■■■	10	m

9

▲▲▲▲▲▲▲▲▲	9	M
▲▲▲▲	4	m

10

●●●●●●●	7	m
●●●●●	5	M

Comprobar la comprensión

MAESTRO: Expliquen cómo comparan el número en cada grupo para averiguar cuál es mayor y cuál es menor.

Nombre ____________________

Escribe los números y compáralos. Escribe M para mayor y m para menor. Suma (dibuja otros más) para hacer que los grupos sean iguales.

1
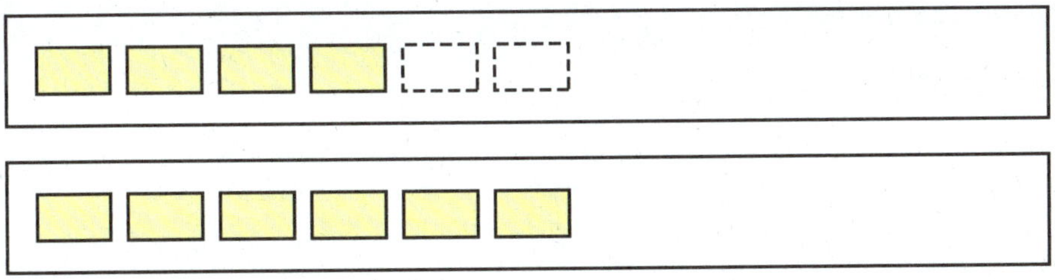
4 m
6 M

2
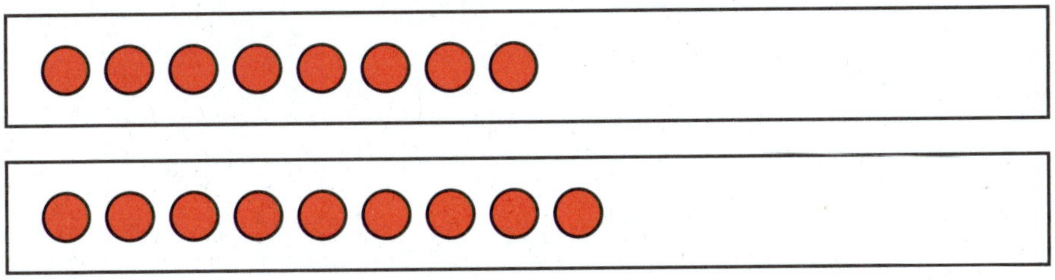

3
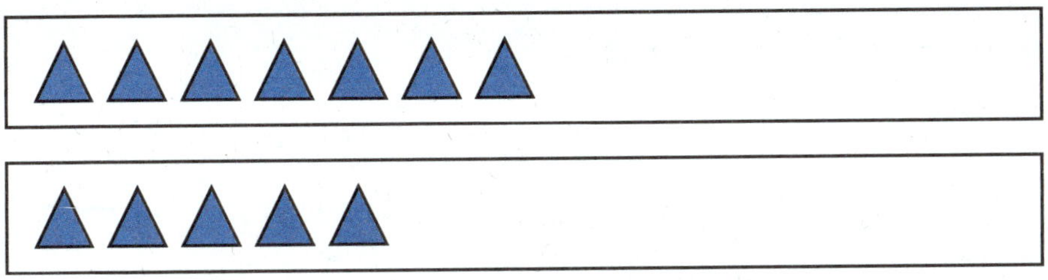

Escribe los números y compáralos. Escribe M para Mayor y m para menor. Resta (tacha) para hacer que los grupos sean iguales.

4
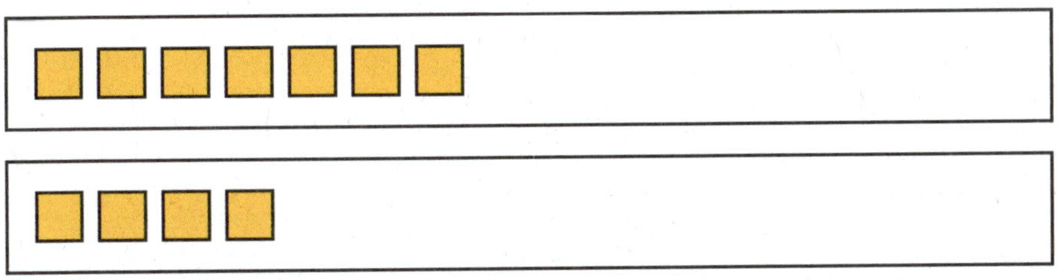

5
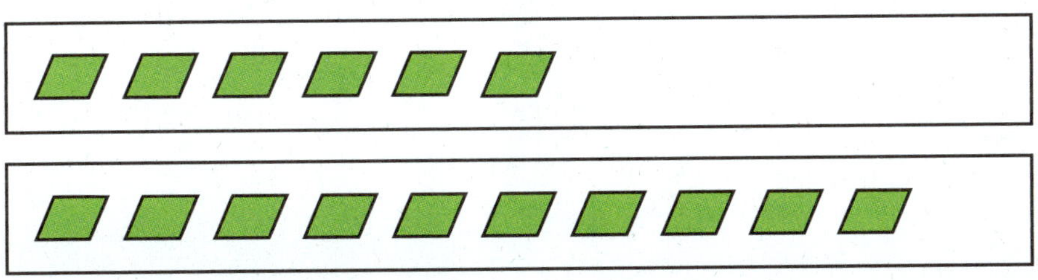

6
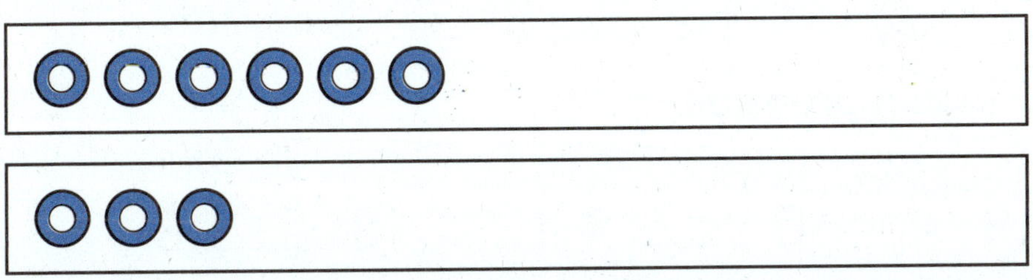

Compara los números.

Escribe M si el primer número es mayor que el segundo número.

Escribe m si el primer número es menor que el segundo número.

Escribe I si los números son iguales.

4	I	4	8	___	6
7	___	5	10	___	1
6	___	9	5	___	5
3	___	3	6	___	2
2	___	4	7	___	10

Observa las respuestas del Pingüino Confundido.

Ayuda al Pingüino Confundido.

6	m	4
9	M	5
3	m	7
6	M	8

Comprobar la comprensión

MAESTRO: Comparen los números. Escriban M para mayor, m para menor e I para igual.

5 ___ 9   10 ___ 9   8 ___ 8

Nombre ________________________________

Escribe cuántos más que 10 hay.
Dibuja círculos para mostrar cada número del 11 al 19.

11 = 10 + 1

12 = 10 + ____

13 = 10 + ____

14 = 10 + ____

15 = 10 + ____

16 = 10 + ____

17 = 10 + ____

18 = 10 + ____

19 = 10 + ____

Escribe las partes.

10

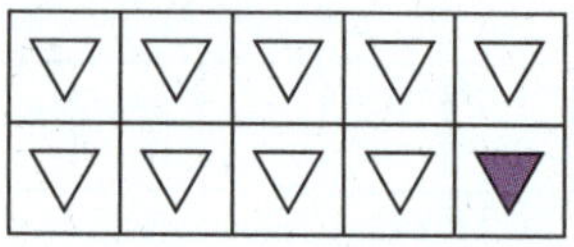

10 = 9 + 1

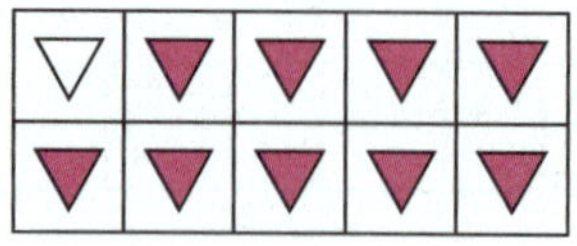

10 = 1 + 9

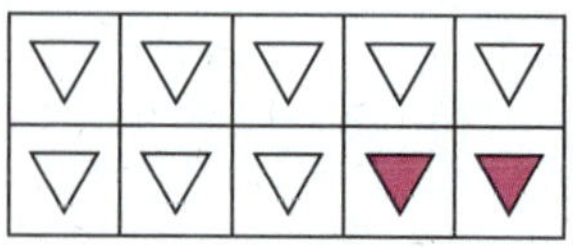

10 = ______

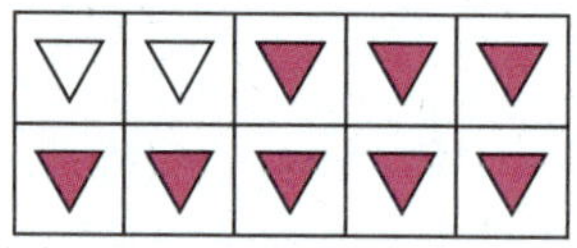

10 = ______

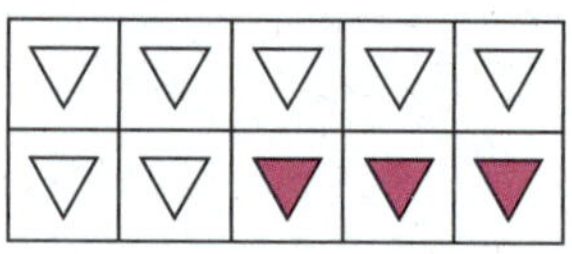

10 = ______

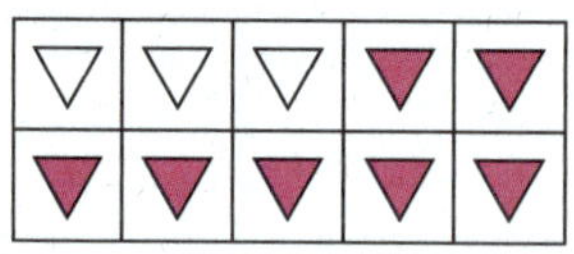

10 = ______

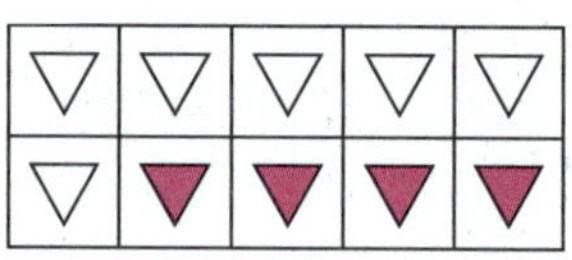

10 = ______

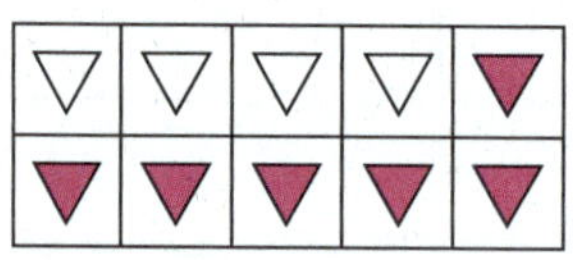

10 = ______

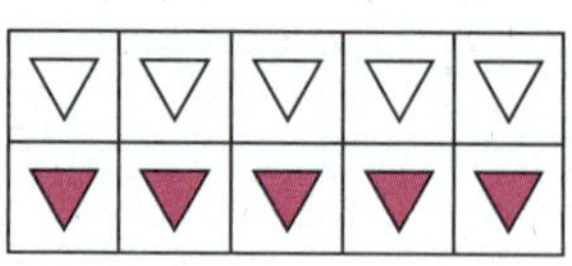

10 = ______

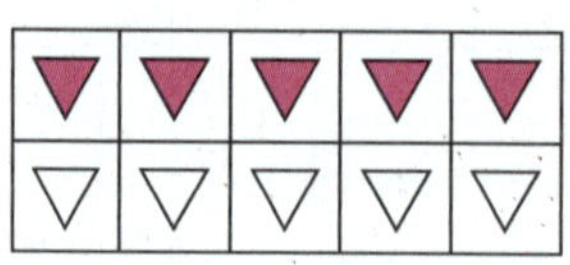

10 = ______

6

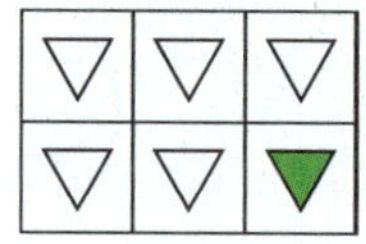

6 = 5 + 1

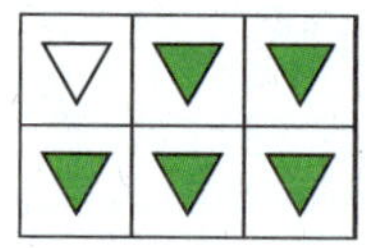

6 = ______

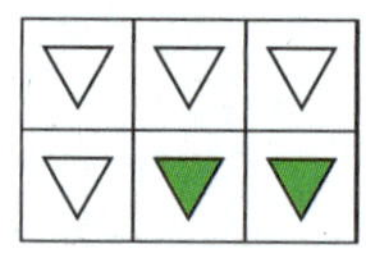

6 = ______

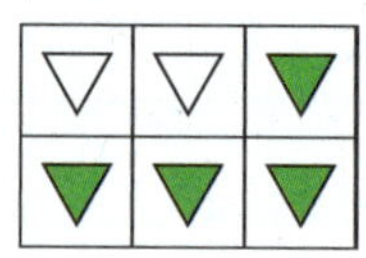

6 = ______

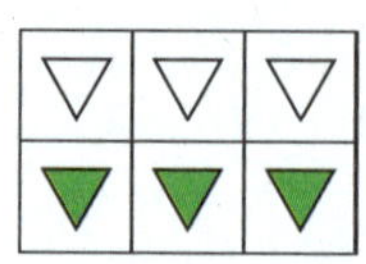

6 = ______

Nombre ______________________________

Camino al conocimiento Resta los números.

5 − 3 = ☐	4 − 4 = ☐	4 − 2 = ☐
5 − 4 = ☐	5 − 2 = ☐	5 − 1 = ☐
3 − 1 = ☐	3 − 2 = ☐	4 − 0 = ☐
4 − 3 = ☐	2 − 1 = ☐	5 − 5 = ☐
2 − 2 = ☐	4 − 1 = ☐	2 − 0 = ☐

9 − 1 = ☐	8 − 1 = ☐	9 − 5 = ☐
7 − 2 = ☐	10 − 5 = ☐	6 − 1 = ☐
10 − 1 = ☐	9 − 4 = ☐	10 − 3 = ☐
8 − 4 = ☐	6 − 2 = ☐	9 − 2 = ☐

Camino al conocimiento Resta los números.

$3 - 2 = \square$	$2 - 1 = \square$	$2 - 0 = \square$
$1 - 1 = \square$	$3 - 1 = \square$	$4 - 2 = \square$
$5 - 4 = \square$	$5 - 0 = \square$	$5 - 3 = \square$
$4 - 1 = \square$	$4 - 3 = \square$	$4 - 0 = \square$
$5 - 2 = \square$	$4 - 4 = \square$	$5 - 1 = \square$
$8 - 5 = \square$	$9 - 3 = \square$	$6 - 4 = \square$
$7 - 4 = \square$	$6 - 2 = \square$	$10 - 5 = \square$
$10 - 2 = \square$	$7 - 5 = \square$	$9 - 5 = \square$
$10 - 3 = \square$	$8 - 4 = \square$	$9 - 2 = \square$

Comprobar la comprensión

MAESTRO: ¿Cambia el total si se cambia el orden de las partes de la suma? Expliquen por qué.

Nombre ______________________

Dibuja círculos para mostrar cada número.
Escribe diez y las unidades adicionales debajo de los círculos.
Completa las ecuaciones en la parte de abajo.

11	12	13	14	15	16	17	18	19	20
10 + 1	10 +	10 +	10 +	+	+	+	+	+	+

14 = 10 + ____

15 = 10 + ____

12 = 10 + ____

13 = 10 + ____

17 = 10 + ____

19 = 10 + ____

16 = 10 + ____

18 = 10 + ____

Camino al conocimiento Resta los números.

2 – 1 = ☐	5 – 4 = ☐	4 – 2 = ☐
5 – 3 = ☐	4 – 3 = ☐	5 – 1 = ☐
3 – 0 = ☐	3 – 1 = ☐	1 – 0 = ☐
3 – 2 = ☐	3 – 3 = ☐	5 – 2 = ☐
7 – 4 = ☐	9 – 5 = ☐	7 – 1 = ☐
9 – 2 = ☐	10 – 5 = ☐	9 – 3 = ☐
6 – 4 = ☐	8 – 5 = ☐	8 – 3 = ☐
9 – 1 = ☐	8 – 4 = ☐	7 – 5 = ☐

Comprobar la comprensión

MAESTRO: Escriban las partes para cada número del 11 al 19. Usen 10 como una de las partes.

13 ____________ 16 ____________ 19 ____________

Dear Family:

In the next two lessons, your child will be learning how to compare several measurable attributes of objects, including length, height, and weight. They will also learn how to compare the capacity of containers.

Your child will use the words *longer* and *shorter* to compare the lengths of two objects and the words *taller* and *shorter* to compare heights. You can help your child by practicing these comparisons at home. For example, while having a meal, you might ask your child which is taller, the table or the chair. If your child is drawing, you can ask him or her to compare the lengths of two different crayons. Young children have better success comparing length when the two objects are aligned, as shown here.

Your child will also be learning to compare weight and capacity. These comparisons may also be practiced at home. You might ask your child to hold a toy in each hand and say which is *heavier* and which is *lighter*. They will be shown that bigger does not always mean heavier. A pillow, for example, may be lighter than a book that is smaller.

Comparisons of capacity can be practiced at mealtime. You might ask your child to say which holds *more* and which holds *less*, the carton of milk or the drinking glass.

Sincerely,
Your child's teacher

Estimada familia:

En las siguientes dos lecciones, su niño aprenderá cómo comparar varios atributos que pueden medirse en los objetos, incluyendo la longitud, la altura y el peso. También aprenderá cómo comparar la capacidad de diferentes recipientes.

Su niño usará los términos *más largo* y *más corto* para comparar la longitud de dos objetos y los términos *más alto* y *más bajo* para comparar las alturas. Puede ayudar a su niño practicando estas comparaciones en casa. Por ejemplo, mientras comen puede preguntarle cuál es más alta, la mesa o la silla. Si su niño está dibujando, puede pedirle que compare la longitud de dos crayones diferentes. A los niños se les hace más fácil comparar la longitud si los dos objetos que comparan están alineados, como se muestra aquí.

Su niño también aprenderá a comparar peso y capacidad. Estas comparaciones también pueden practicarse en casa. Puede pedirle que sostenga un juguete en cada mano y que diga cuál es *más pesado* y cuál es *más liviano*. Se le enseñará que más grande no siempre quiere decir más pesado. Una almohada, por ejemplo, puede ser más liviana que un libro pequeño.

Las comparaciones de capacidad se pueden practicar a la hora de la comida. Puede pedir a su niño que diga cuál contiene *más* y cuál contiene *menos*, el envase de leche o el vaso.

Atentamente,
El maestro de su niño

Nombre ______________________________

Escribe los números y compáralos. Escribe M para mayor y m para menor. Suma (dibuja otros más) para hacer que los grupos sean iguales.

1 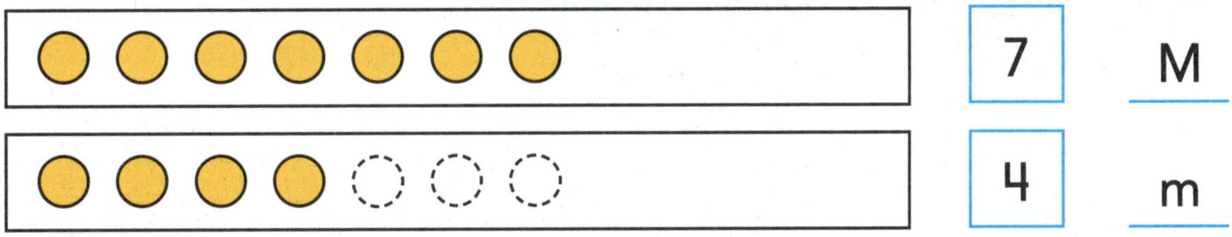

7 M

4 m

2 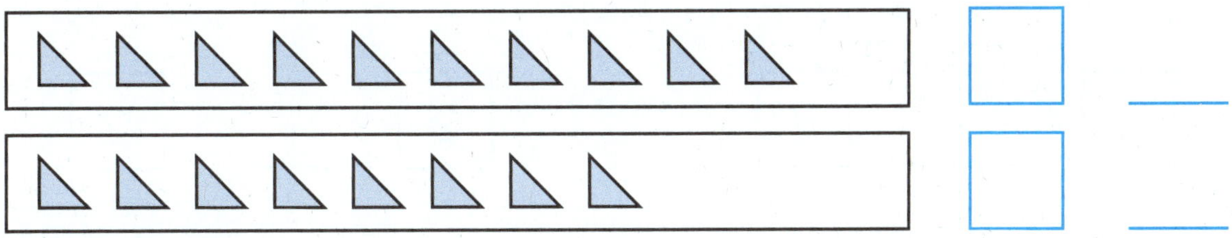

3 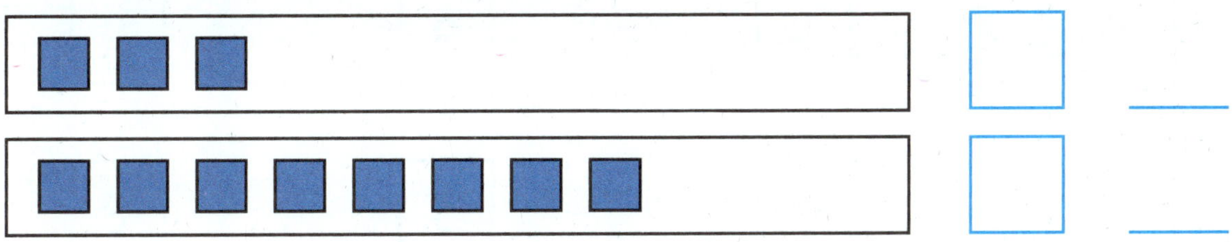

Escribe los números y compáralos. Escribe M para mayor y m para menor. Resta (tacha) para hacer que los grupos sean iguales.

4 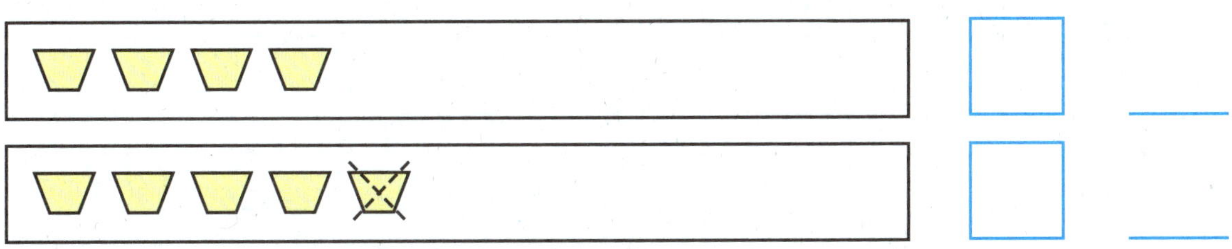

5 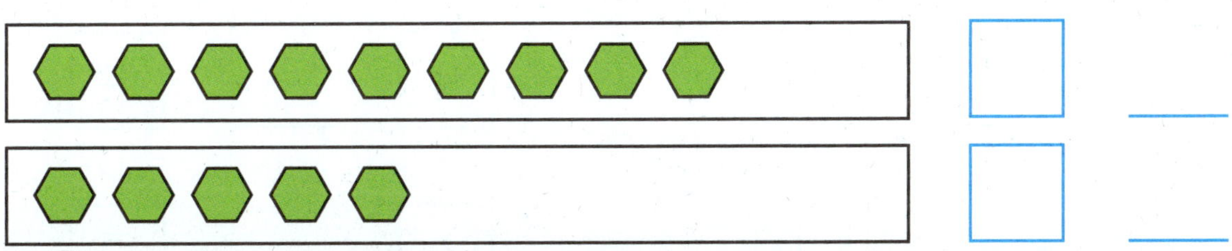

6 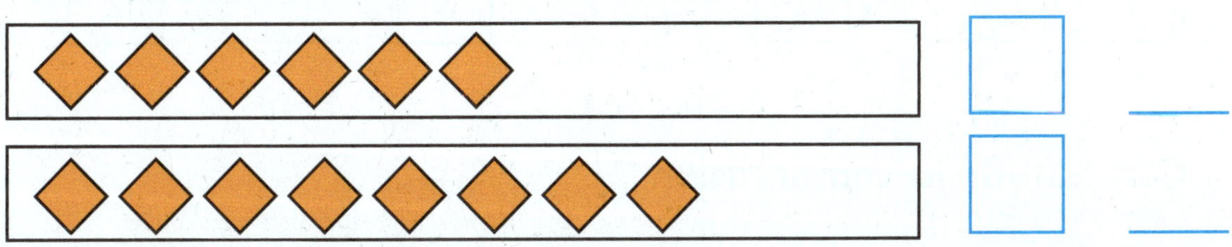

Compara los números.

Escribe M si el primer número es mayor que el segundo número.

Escribe m si el primer número es menor que el segundo número.

Escribe I si los números son iguales.

5	I	5	7	___	6
2	___	7	2	___	2
10	___	4	9	___	4
3	___	4	5	___	8
8	___	8	2	___	3
5	___	9	6	___	10
8	___	6	4	___	4
7	___	1	6	___	2

Comprobar la comprensión

MAESTRO: Dibujen un grupo de 7 objetos y un grupo de 5 objetos. Sumen o resten para que sean iguales.

Nombre ____________________

VOCABULARIO
más largo
más corto
el más corto
el más largo

Compara.

Encierra en un círculo el objeto **más largo**.

Dibuja una línea debajo del objeto **más corto**.

1

2

3

4 Escribe 1, 2 y 3 para ordenar los objetos desde **el más corto** hasta **el más largo**.

____

____

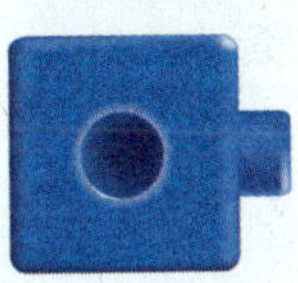
____

VOCABULARIO
más bajo
más alto

Compara.
Encierra en un círculo el objeto **más bajo**.
Dibuja una línea debajo del objeto **más alto**.

5

6

7

8

Nombre ____________________

VOCABULARIO
área

Usa fichas de 1 pulgada cuadrada para hallar el **área**.

9

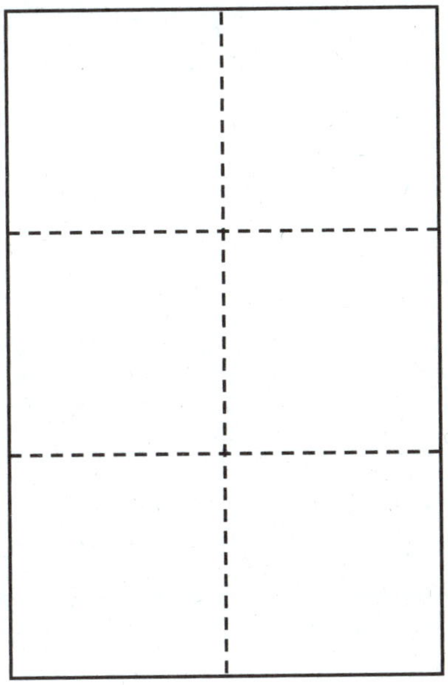

☐ pulgadas cuadradas

10

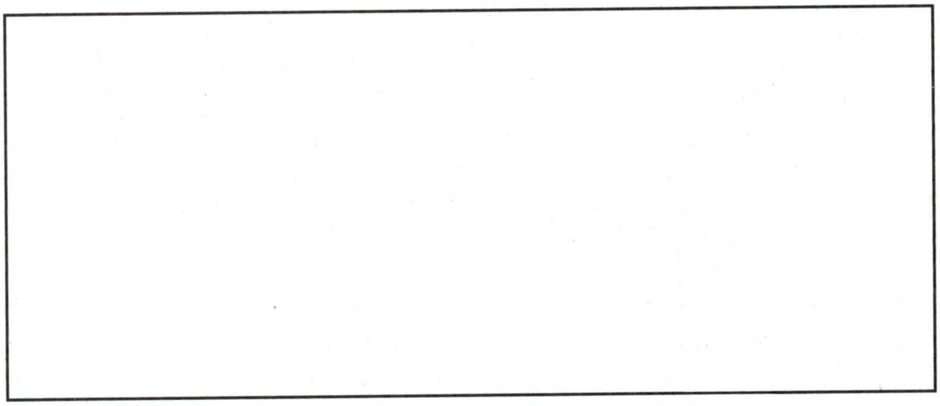

☐ pulgadas cuadradas

Dibuja un rectángulo para emparejar con el área.

11 Área: 8 pulgadas cuadradas

12 Dibuja un rectángulo con menos pulgadas cuadradas que el rectángulo anterior. Escribe el área.

☐ pulgadas cuadradas

Comprobar la comprensión

MAESTRO: Expliquen cómo hacer un rectángulo que tenga un área de 12 pulgadas cuadradas.

Nombre ______________________________

VOCABULARIO
más pesado
más liviano
el más liviano
el más pesado

Compara.

Encierra en un círculo el objeto que es **más pesado**.

Dibuja una línea debajo del objeto que es **más liviano**.

1  

2  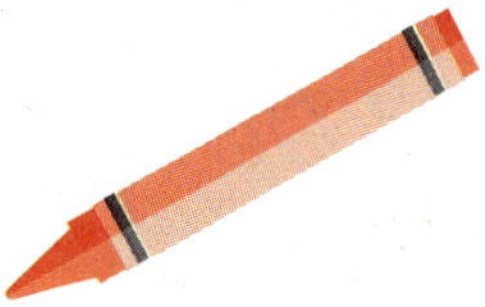

3  

Escribe 1, 2 y 3 para ordenar los objetos desde **el más liviano** hasta **el más pesado**.

4   

______ ______ ______

Compara.

Encierra en un círculo el objeto que contiene más.

Dibuja una línea debajo del objeto que contiene menos.

5

6

7

8

Comprobar la comprensión

MAESTRO: Completen estas oraciones para que sean verdaderas.

Un/una ________ contiene más que un vaso de papel.

Un/una ________ contiene menos que un fregadero.

Nombre ______________________

Encierra en un círculo el animal más alto.
Dibuja una línea debajo del animal más bajo.

1

2

3

4

Encierra en un círculo el pez más largo.
Dibuja una línea debajo del pez más corto.

5

6

7

8

Comprobar el conocimiento 6

Nombre ______________________ Fecha ____________

Camino al conocimiento

Suma los números.

$5 + 0 = \square$

$0 + 4 = \square$

$1 + 2 = \square$

$0 + 2 = \square$

$1 + 0 = \square$

$0 + 0 = \square$

$3 + 2 = \square$

$0 + 5 = \square$

$4 + 1 = \square$

$3 + 1 = \square$

Comprobar el conocimiento 6

Nombre ______________________ Fecha __________

Camino al conocimiento

Resta los números.

$5 - 0 = \square$

$5 - 5 = \square$

$0 - 0 = \square$

$4 - 4 = \square$

$2 - 1 = \square$

$4 - 3 = \square$

$5 - 2 = \square$

$4 - 0 = \square$

$3 - 1 = \square$

$3 - 3 = \square$

Repaso/Prueba de la Unidad 5

Nombre ______________________ Fecha ____________

Escribe cuántos más que diez hay.
Dibuja círculos para mostrar cada número del 11 al 19.

1 $16 = 10 +$ _____

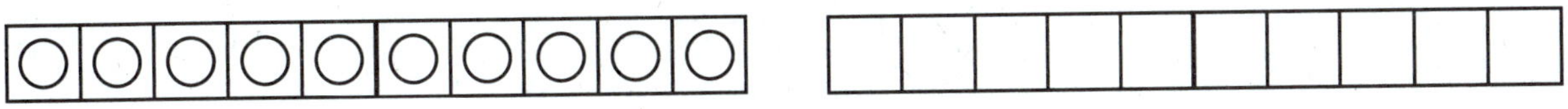

2 $17 = 10 +$ _____

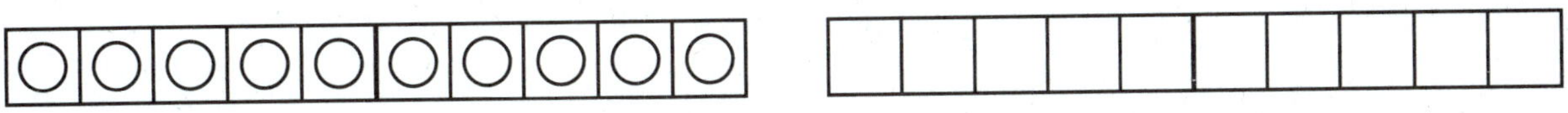

3 $18 = 10 +$ _____

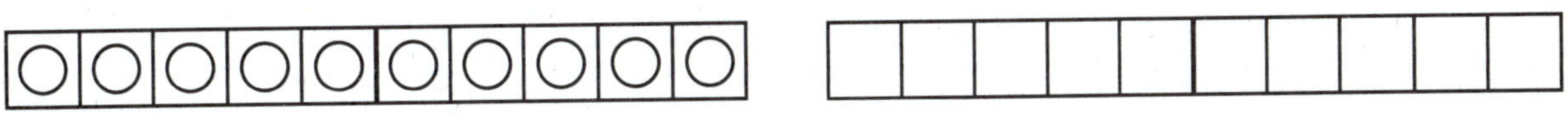

4 Encierra en un círculo las diez unidades. Escribe las diez unidades y otras unidades más en cada ecuación.

_____ + _____ = _____

5 Escribe el número.

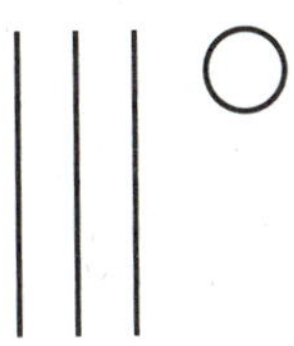

Nombre ____________________ Fecha ____________

6 Dibuja un rectángulo con un área de 9 pulgadas cuadradas.

7 Elige el signo para mostrar es igual a o no es igual a.

=

≠

4

=

≠

 Nombre ______ Fecha ______

8 Escribe los números y compáralos
Escribe **M** para **mayor que** y **m** para **menor que**.
Tacha para hacer que los grupos sean iguales.

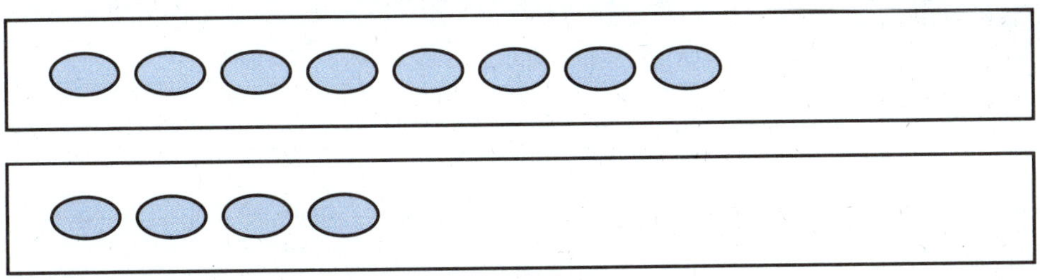

☐ ___

☐ ___

9 Dibuja Bolitas en la Montaña matemática y escribe las partes.
Completa la ecuación.

10

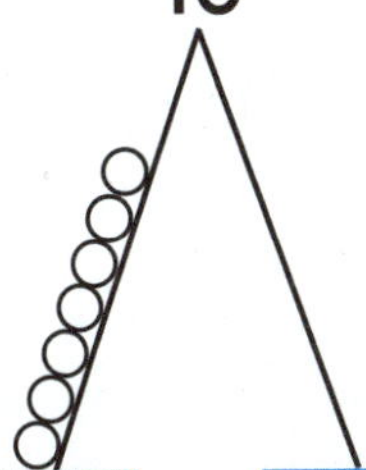

☐ ☐

☐ + ☐ = 10

10 Cuenta las monedas. Escribe el número de centavos.

☐ ¢

Usa los números en las fichas para completar las ecuaciones.

6	7	8	9	10

11 10 − 2 = ☐

12 7 + 2 = ☐

13 4 + 3 = ☐

Nombre ______________________ Fecha ____________

14 Encierra en un círculo el objeto más pesado.

15 Dibuja un bate de béisbol corto y un bate de béisbol largo.
Encierra en un círculo el bate más largo.

16 Haz un dibujo para resolver.
Hay 5 aves en un campo.
Luego 2 aves más llegan al campo.
¿Cuántas aves hay ahora?

☐ aves

 Nombre ____

Problemas de estrellas.

Tarea de rendimiento de la Unidad 5

Nombre ______________________

Medidas

Parte A

Parte B

A

altura o estatura

La **altura** es cuánto mide algo de alto y la **estatura** es cuánto mide una persona de alto.

apilar

área

Tamaño medido en unidades cuadradas.

El **área** del rectángulo es 10 unidades cuadradas.

arriba, encima

El pájaro está **encima** del árbol.

C

capacidad

La **capacidad** es la cantidad que puede contener un envase.

cara

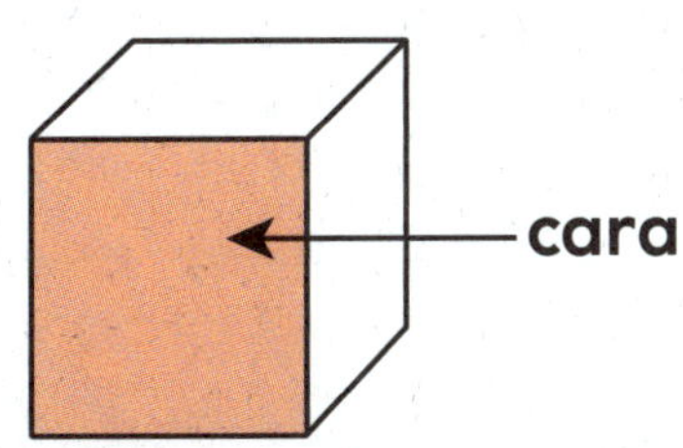

centavo

Una moneda de 1¢ vale un centavo o 1¢.

frente

reverso

cero

0

Hay **cero** manzanas en el plato.

cien

1	2	3	4	5	6	7	8	9	10
11	12	13	14	15	16	17	18	19	20
21	22	23	24	25	26	27	28	29	30
31	32	33	34	35	36	37	38	39	40
41	42	43	44	45	46	47	48	49	50
51	52	53	54	55	56	57	58	59	60
61	62	63	64	65	66	67	68	69	70
71	72	73	74	75	76	77	78	79	80
81	82	83	84	85	86	87	88	89	90
91	92	93	94	95	96	97	98	99	100

cilindro

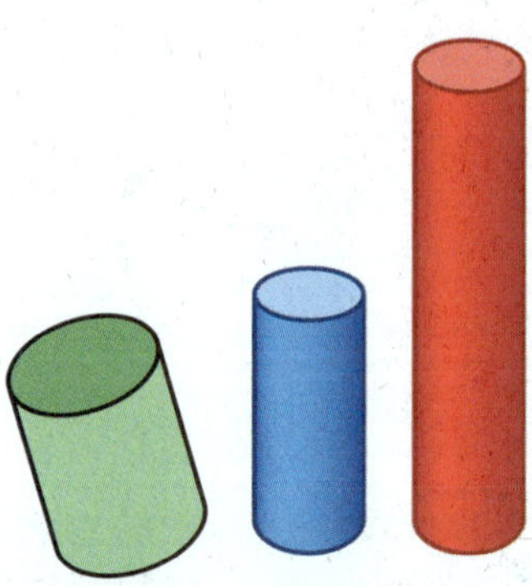

cinco

5

círculo

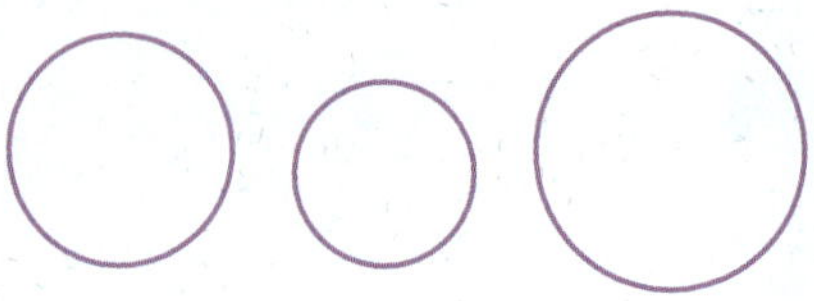

clasificar

manzanas

no manzanas

columna

1	11	21	31	41	51	61	71	81	91
2	12	22	32	42	52	62	72	82	92
3	13	23	33	43	53	63	73	83	93
4	14	24	34	44	54	64	74	84	94
5	15	25	35	45	55	65	75	85	95
6	16	26	36	46	56	66	76	86	96
7	17	27	37	47	57	67	77	87	97
8	18	28	38	48	58	68	78	88	98
9	19	29	39	49	59	69	79	89	99
10	20	30	40	50	60	70	80	90	100

cono

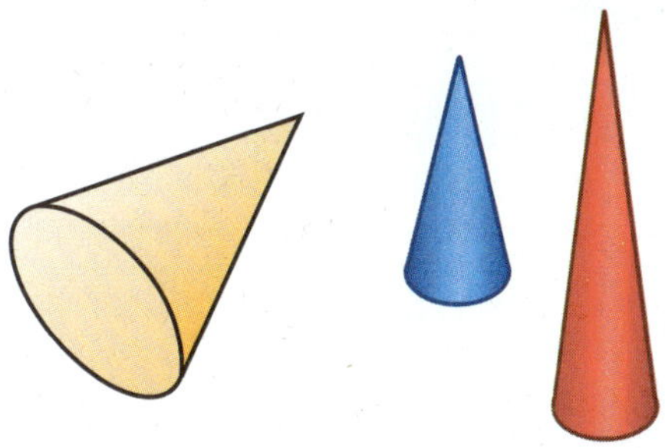

contar

cuadrado

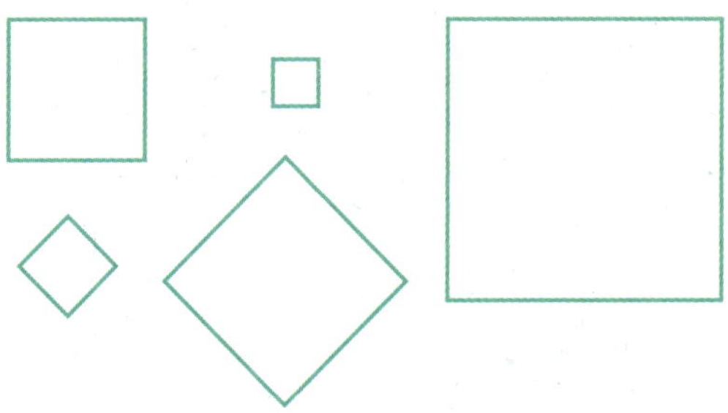

cuántos

Ejemplo:

¿Cuántos dedos hay? 5 dedos

cuarto

cuatro

4 

cubo

debajo

El árbol está **debajo** del pájaro.

décimo

décimo

derecha

El cuadrado verde está a la **derecha.**

detrás

El niño está **detrás** de la cerca.

diez

10 

diferente

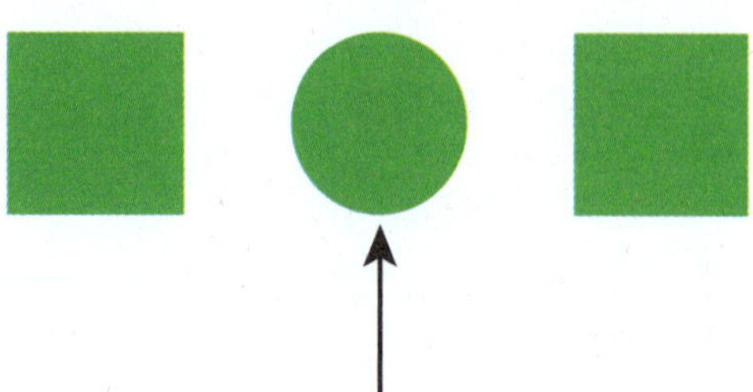

diferente

dos

2 

E

ecuación

Ejemplos:

$4 + 3 = 7$ $7 = 4 + 3$

$9 - 5 = 4$ $4 = 9 - 5$

el más corto (longitud)

el más corto

el más largo

el más largo

el más liviano

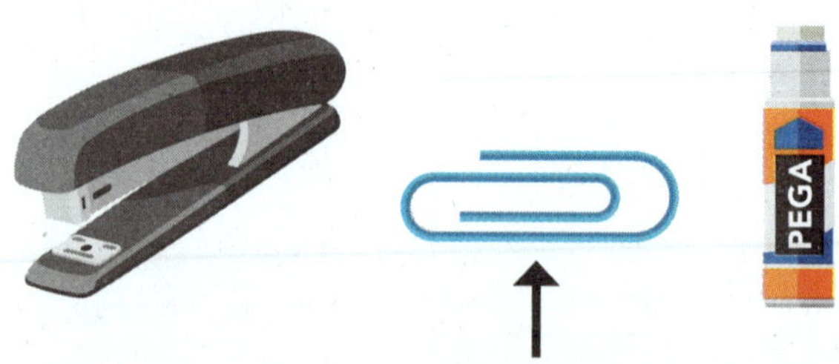

el más liviano

el más pesado

enfrente

La niña está **enfrente** de la cerca.

entre

El círculo está **entre** el cuadrado y el triángulo.

esfera

esquina

F

figuras bidimensionales

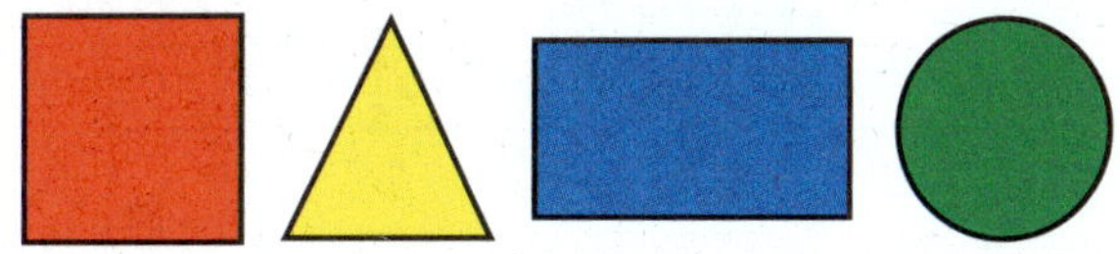

figuras geométricas

figuras planas

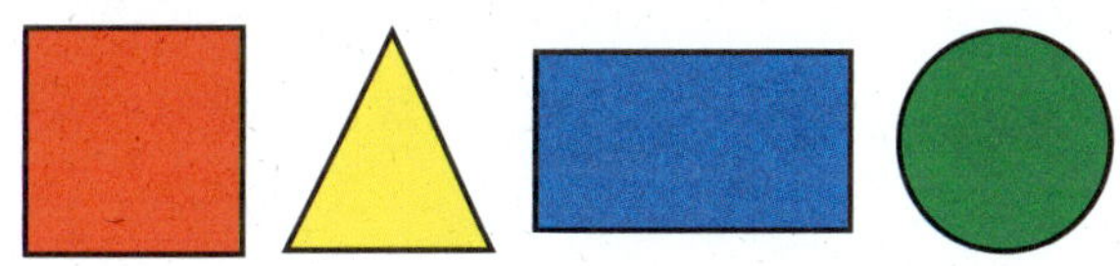

figuras tridimensionales

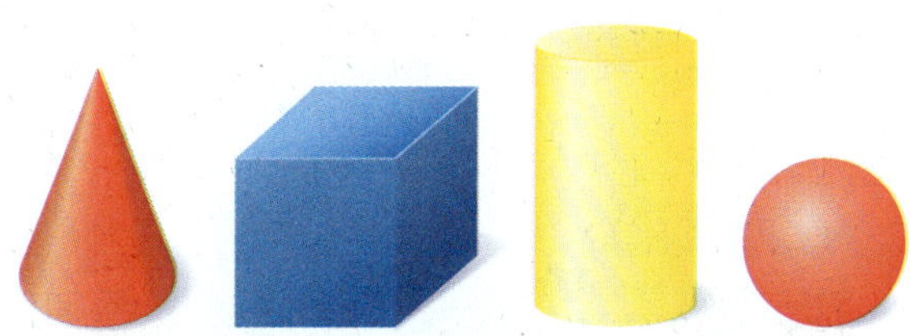

fila

1	11	21	31	41	51	61	71	81	91
2	12	22	32	42	52	62	72	82	92
3	13	23	33	43	53	63	73	83	93
4	14	24	34	44	54	64	74	84	94
5	15	25	35	45	55	65	75	85	95
6	16	26	36	46	56	66	76	86	96
7	17	27	37	47	57	67	77	87	97
8	18	28	38	48	58	68	78	88	98
9	19	29	39	49	59	69	79	89	99
10	20	30	40	50	60	70	80	90	100

G

grupo

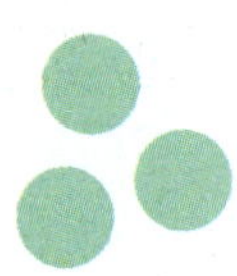

Este **grupo** tiene 3 círculos.

H

hexágono

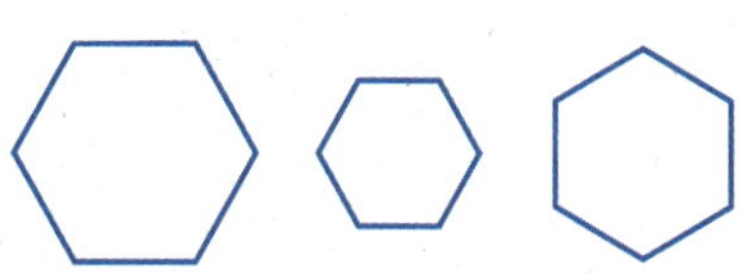

I

igual

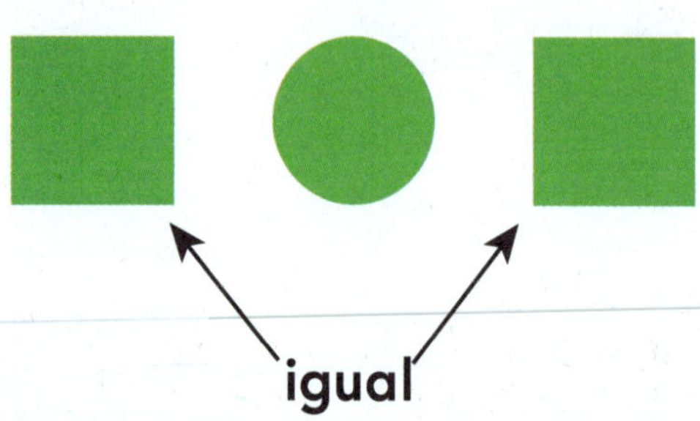

izquierda

El cuadrado amarillo está a la **izquierda.**

J

junto a

El tobogán está **junto al** árbol.

junto a

El árbol está **junto al** tobogán.

L

lado

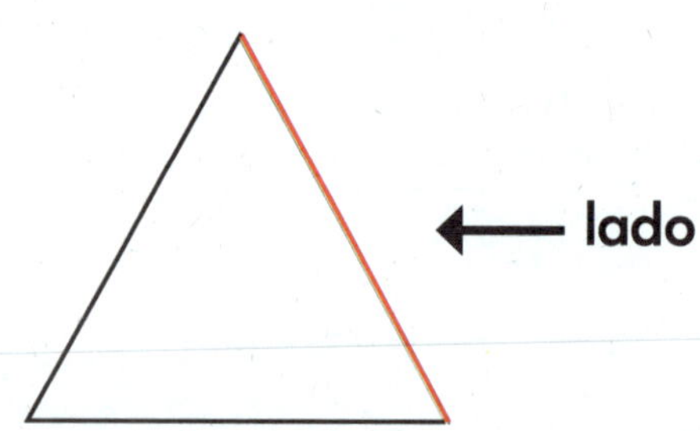

líneas rectas

Las **líneas rectas** no forman curvas.

longitud

Este lápiz mide 6 clips de **longitud.**

M

más (+)

$3 + 2 = 5$

3 **más** 2 es igual a 5.

más

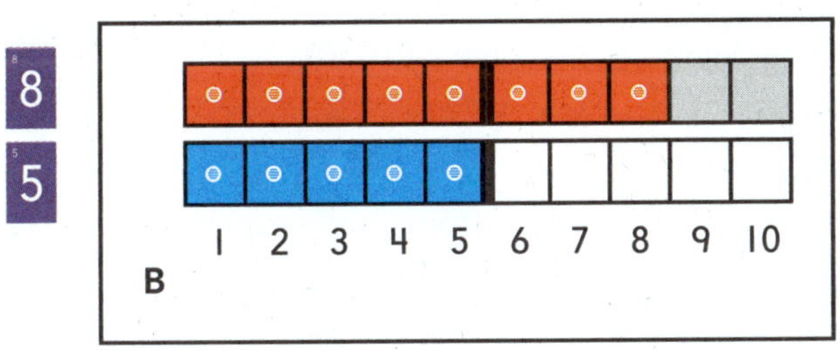

Hay **más** fichas rojas que fichas azules.

más alto

más alta

La flor roja es **más alta** que la flor amarilla.

más bajo (altura)

más baja

La flor amarilla es **más baja** que la flor roja.

más corto (longitud)

más corto

El crayón es más corto que el lápiz.

más grande

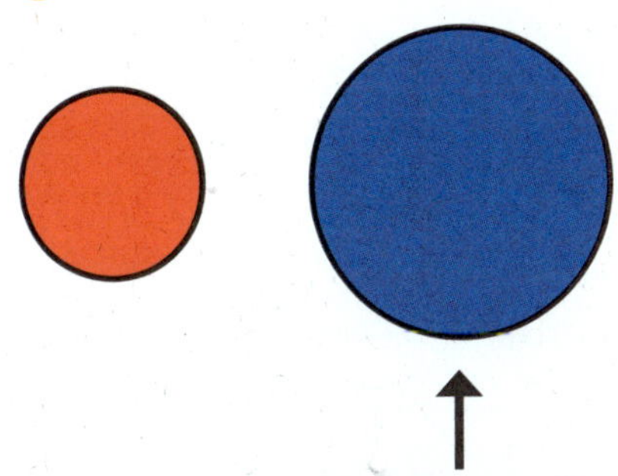

más grande

más largo

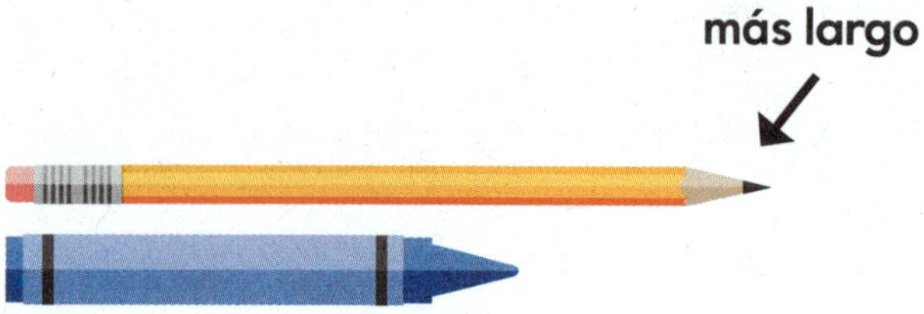

El lápiz es **más largo** que el crayón.

más liviano

más pequeño

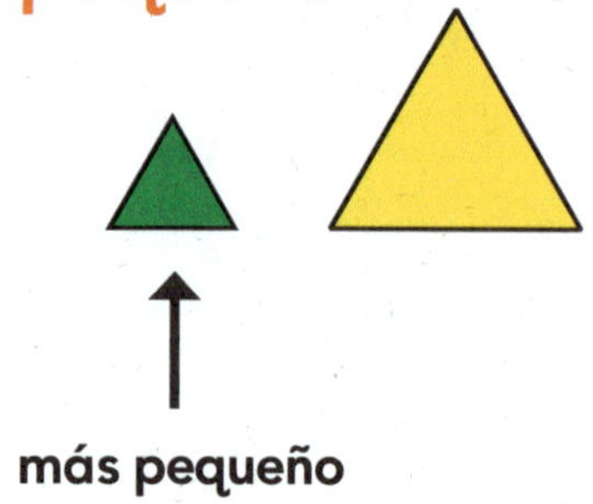

más pesado

mayor

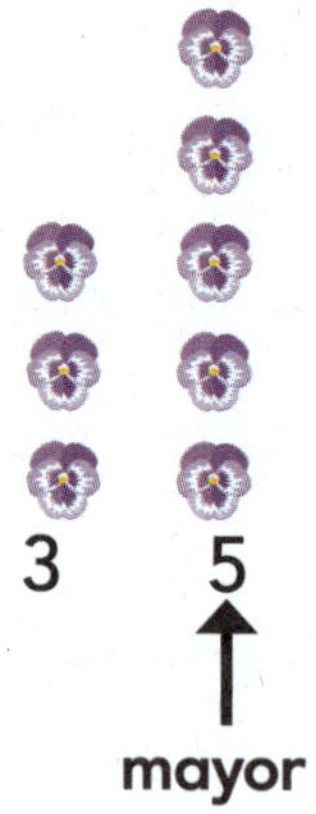

mayor que

9 es **mayor que** 6.

menor

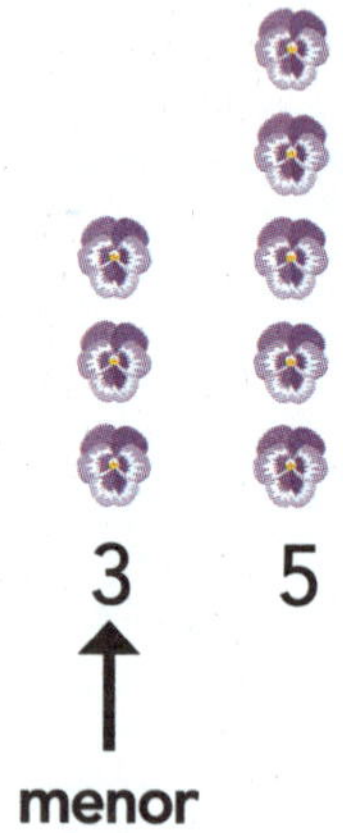

menor que

9 es **menor que** 11.

menos (–)

8 – 3 = 5

8 **menos** 3 es igual a 5.

menos

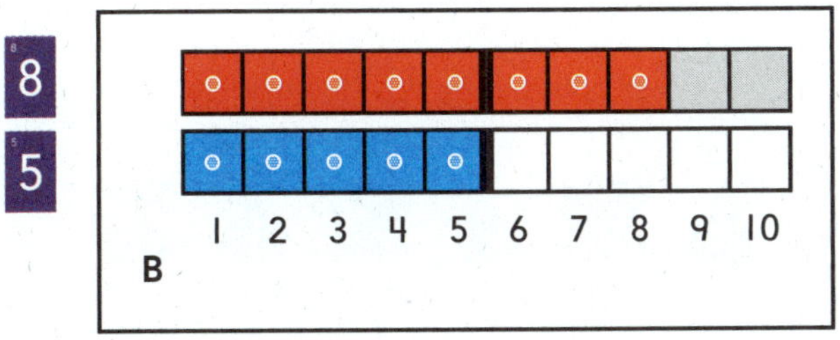

Hay **menos** fichas azules que fichas rojas.

moneda de 1¢

frente reverso

1 centavo o 1¢

moneda de 10¢

frente reverso

10 centavos o 10¢

moneda de 25 ¢

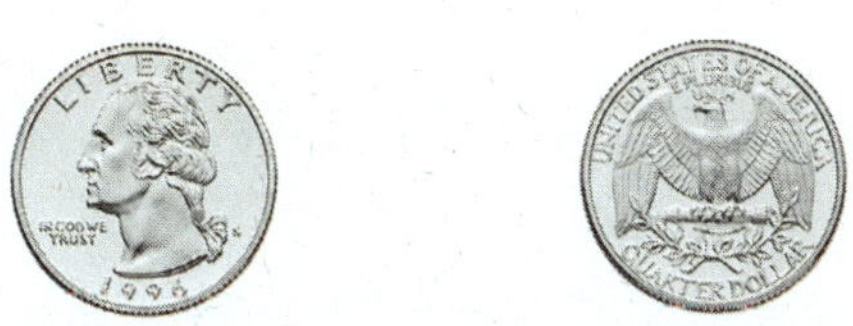

frente reverso

25 centavos o 25¢

moneda de 5¢

frente reverso

5 centavos o 5¢

N

novena

novena

nueve

9 

números del 11 al 19

11 12 13 14 15 16 17 18 19

números que terminan en cero

10, 20, 30, 40, 50, 60, 70, 80, 90

O

ocho

8 

octavo

octavo

orden

1	2	3	4	5	6	7	8	9	10

Estos números están en **orden.**

ordenar

Puedes **ordenar** los animales en grupos.

P

parte desconocida

$3 + 4 = \square$ $\qquad$ $3 + \square = 7$

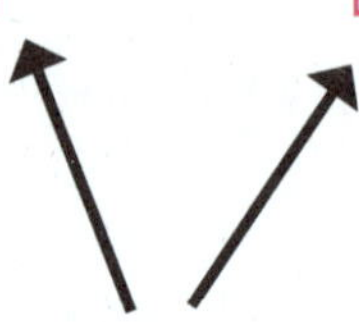

parte desconocida

patrón

Objetos ordenados de una manera especial.

Los patrones pueden repetirse, crecer o encogerse.

Ejemplo:

1 2 2 1 2 2 1 2 2

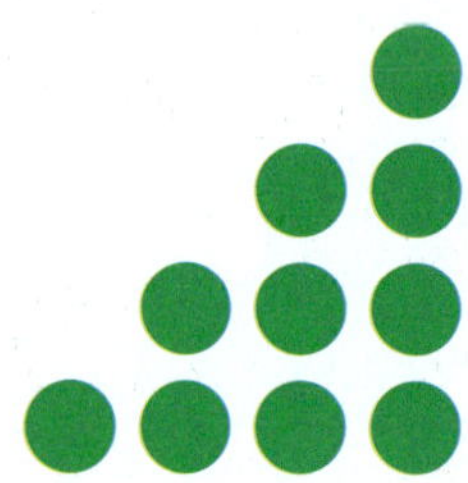

peso

El **peso** es la medida de lo pesado que es un objeto.

primero

problema

Ejemplo:

Hay 2 conejos en el jardín.
Luego llegan 3 conejos más.
¿Cuántos conejos hay en total?

Q

quinto

R

rectángulo

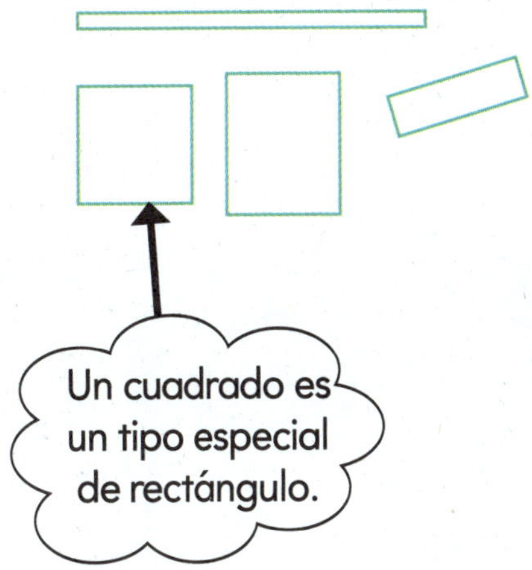

restar

$8 - 3 = 5$

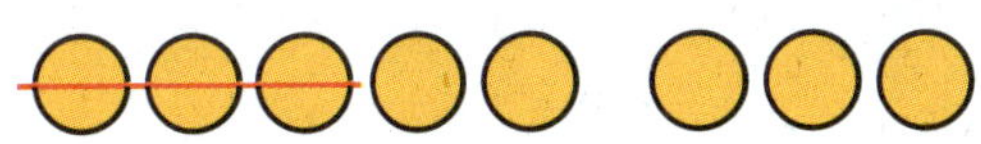

rodar

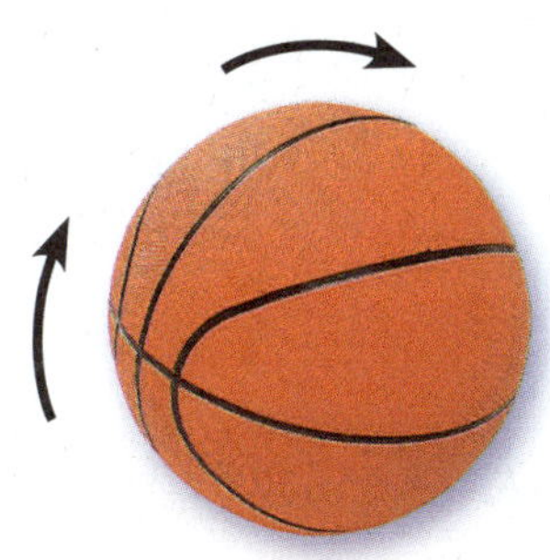

S

segundo

seis

6 

séptimo

séptima

sexto

sexto

siete

7 

signo de centavo (¢)

3¢

signo de centavo

signo de igual a (=)

4 + 4 = 8

4 más 4 es **igual a** 8.

signo de no es igual a

$6 \neq 8$

6 **no es igual a** 8.

suma

3 + 2 = 5

suma

4 + 3 = 7

suma

T

tercero

tercero

tres

3 

triángulo

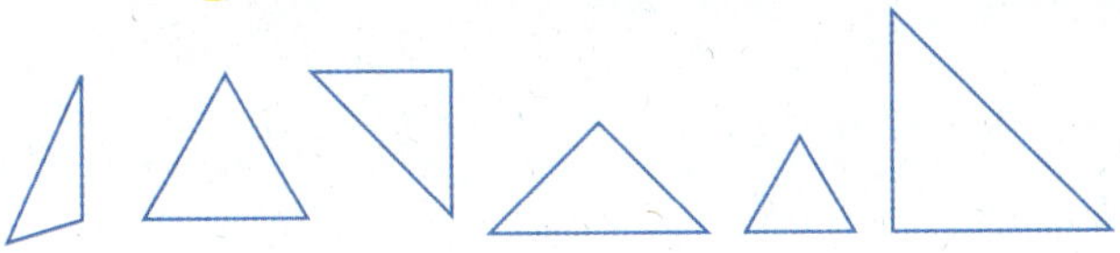

U

unidades

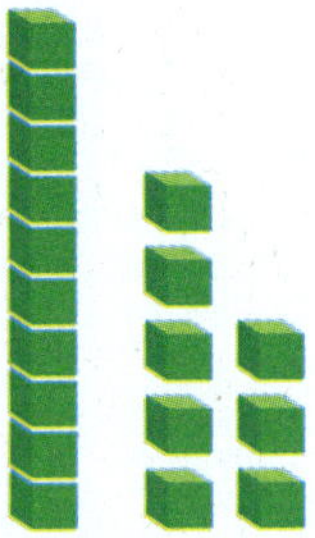

18 tiene 8 **unidades**.

uno

1 

K.NC Conceptos numéricos

K.NC.1	Cuentan de unidad en unidad y de decena en decena hasta 100.	Unidad 1 Lecciones 1, 2, 3, 4, 5, 7, 11, 17; Unidad 2 Lecciones 6, 8, 10, 18, 19; Unidad 3 Lecciones 1, 2; Unidad 4 Lecciones 12, 15, 16, 17; Unidad 5 Lecciones 2, 3, 5, 8, 10, 13, 23
K.NC.2	Cuentan hacia adelante y hacia atrás comenzando desde cualquier número en una secuencia; cuentan de decena en decena hasta 100 comenzando desde cualquier número terminado en 0.	Unidad 1 Lección 17; Unidad 2 Lecciones 1, 2, 6, 7, 8, 9, 10, 14, 15, 18, 19, 20; Unidad 3 Lecciones 1, 2, 4, 5, 7, 11, 13, 15; Unidad 4 Lecciones 3, 5, 7, 8, 12, 15, 16, 17, 18, 20; Unidad 5 Lecciones 3, 4, 5, 7, 8, 9, 10, 18, 19
K.NC.3	Leen y escriben números del 0 al 31. Representan un grupo de objetos del 0 al 31 escribiendo un numeral y usando imágenes, objetos reales, palabras y manipulativos como los cubos interconectables. Comprenden que el 0 es el conteo de ningún objeto.	Unidad 1 Lecciones 1, 2, 3, 4, 5, 6, 7, 9, 11, 12, 13, 14, 15, 16, 17; Unidad 2 Lecciones 1, 2, 3, 4, 5, 7, 8, 9, 10, 11, 12, 14, 15, 16, 18, 19, 20; Unidad 3 Lecciones 1, 2, 4, 5, 6, 7, 8, 11, 12, 13, 14, 15, 16, 18, 19, 20; Unidad 4 Lecciones 1, 2, 3, 4, 5, 7, 8, 10, 11, 13, 16, 18, 19, 20; Unidad 5 Lecciones 2, 3, 4, 5, 6, 7, 8, 9, 10, 12, 13, 14, 15, 16, 17, 18, 19, 20
K.NC.4	Interconectan el conteo con el número de objetos en un grupo; comprenden cómo se relacionan los números y las cantidades.	Unidad 1 Lecciones 1, 2, 3, 4, 5, 6, 7, 9, 11, 12, 13, 14, 15, 16, 17; Unidad 2 Lecciones 1, 2, 3, 4, 5, 7, 8, 9, 10, 11, 15, 16, 19, 20; Unidad 3 Lecciones 1, 2, 4, 5, 7, 11, 13, 14, 15, 18, 19, 20; Unidad 4 Lecciones 1, 3, 4, 5, 6, 7, 10, 12, 15, 20; Unidad 5 Lecciones 2, 3, 7, 9, 13, 14, 15, 16, 17, 18, 19, 23
K.NC.4.a	Cuentan objetos diciendo los nombres de los números en la secuencia correcta, comprenden que un nombre para un número está emparejado con solo un objeto.	Unidad 1 Lecciones 1, 2, 3, 4, 5, 6, 7, 9, 11, 12, 13, 14, 15, 16, 17; Unidad 2 Lecciones 1, 2, 3, 4, 5, 11, 15; Unidad 3 Lección 2; Unidad 4 Lecciones 1, 4, 10, 12; Unidad 5 Lección 5

K.NC Conceptos numéricos

K.NC.4.b	Comprenden que cuando cuentan un grupo de objetos, el último número mencionado es el número total en el grupo; reconocen que el número total en un grupo es el mismo sin importar cómo están organizados los objetos o el orden en el que se cuentan.	Unidad 1 Lecciones 1, 2, 3, 4, 5, 6, 7, 9, 11, 12, 13, 14, 15, 16, 17; Unidad 2 Lecciones 1, 2, 3, 4, 5, 7, 8, 11, 15; Unidad 3 Lecciones 2, 8, 11, 18; Unidad 4 Lecciones 1, 4, 10, 12; Unidad 5 Lección 2
K.NC.4.c	Al contar, comprenden que el siguiente número mencionado en una secuencia representa un número mayor al número anterior.	Unidad 2 Lecciones 1, 12, 14, 16, 19, 20; Unidad 3 Lecciones 11, 12, 13, 14; Unidad 4 Lecciones 4, 5, 7, 12; Unidad 5 Lecciones 5, 7, 9, 15, 23
K.NC.4.d	Comprenden el concepto de los números ordinales (primero al décimo) para describir la posición relativa y la magnitud de los número enteros.	Unidad 2 Lección 7
K.NC.5	Comprenden que los objetos o imágenes pueden ser contados para explicar "¿Cuántos hay?" dados 20 objetos o imágenes organizados en una recta, matriz o círculo, o hasta 10 objetos desorganizados; cuentan el número de objetos usando los nombres de los números del 1 al 20.	Unidad 1 Lecciones 1, 2, 3, 4, 5, 6, 7, 9, 11, 12, 13, 14, 15, 16, 17; Unidad 2 Lecciones 1, 2, 3, 4, 5, 7, 8, 9, 12, 13, 14, 15, 16, 17, 19, 20; Unidad 3 Lecciones 1, 2, 3, 4, 5, 7, 8, 10, 11, 12, 13, 14, 15, 16, 17, 18, 19, 20, 21; Unidad 4 Lecciones 1, 2, 3, 4, 5, 7, 8, 10, 11, 12, 13, 16, 18, 19, 20; Unidad 5 Lecciones 2, 3, 4, 5, 6, 7, 8, 9, 10, 11, 14, 15, 16, 17, 18, 19, 20
K.NC.6	Comparan dos grupos de objetos mediante el uso de estrategias de conteo o emparejado para identificar si el número en un grupo es mayor que, menor que o igual al número en el segundo grupo.	Unidad 1 Lecciones 9, 11, 12, 13, 16, 17; Unidad 2 Lecciones 7, 9, 13; Unidad 3 Lecciones 10, 12; Unidad 4 Lecciones 6, 10, 20; Unidad 5 Lecciones 1, 10, 14, 16, 17, 20
K.NC.7	Dados dos numerales escritos, comparan números del 1 al 10.	Unidad 1 Lecciones 9, 15; Unidad 2 Lecciones 7, 9; Unidad 3 Lecciones 12, 14; Unidad 4 Lecciones 6, 10, 20; Unidad 5 Lecciones 16, 17, 20

K.ARO Razonamiento y operaciones algebraicas		
K.ARO.1	Usan objetos, imágenes, sonidos (por ejemplo, dando golpecitos), imágenes mentales, representaciones, los dedos, al igual que expresiones, ecuaciones o explicaciones para representar sumas y restas.	Unidad 1 Lecciones 7, 8, 9, 11, 12, 13, 14; Unidad 2 Lecciones 2, 3, 4, 5, 6, 9, 10, 11, 12, 14, 15, 16, 19; Unidad 3 Lecciones 1, 3, 4, 5, 6, 7, 8, 11, 13, 15, 16, 17, 19, 20; Unidad 4 Lecciones 1, 2, 3, 4, 5, 6, 7, 8, 10, 11, 12, 13, 15, 16, 17, 18, 19, 20; Unidad 5 Lecciones 1, 3, 4, 5, 6, 7, 8, 9, 10, 11, 12, 13, 14, 15, 16, 17, 18, 19, 20
K.ARO.2	Suman y restan hasta el 10; representan y resuelven problemas mediante el uso de objetos o imágenes u otros métodos que funcionen.	Unidad 1 Lecciones 7, 8, 14; Unidad 2 Lecciones 2, 3, 5, 6, 10, 11, 12, 14, 15, 16; Unidad 3 Lecciones 1, 3, 4, 7, 11, 16; Unidad 4 Lecciones 1, 2, 3, 4, 5, 6, 7, 8, 10, 11, 12, 13, 15, 16, 17, 18, 19, 20; Unidad 5 Lecciones 1, 3, 4, 5, 6, 7, 8, 9, 10, 11, 12, 13, 14, 15, 16, 19
K.ARO.3	Usan objetos o imágenes para descomponer números en pares, de diferentes formas, para números menores o iguales a 10, luego anotan los pares mediante dibujos o ecuaciones, por ejemplo $8 = 2 + 6$ y $8 = 4 + 4$.	Unidad 2 Lecciones 2, 20; Unidad 3 Lecciones 1, 3, 4, 6, 16, 17, 18; Unidad 4 Lecciones 2, 3, 4, 5, 7, 8, 11, 12, 13, 18, 19; Unidad 5 Lecciones 1, 3, 4, 5, 6, 7, 8, 9, 10, 11, 12, 13, 14, 15, 16, 18, 19
K.ARO.4	Usan objetos o imágenes, entre otros, para hallar un número del 1 al 9 que cuando se suma a otro número el resultado es 10; anotan el resultado mediante un dibujo o una ecuación.	Unidad 4 Lecciones 2, 4, 8, 11, 13, 18, 19; Unidad 5 Lecciones 2, 3, 6, 8, 11, 12, 13, 15, 18, 19
K.ARO.5	Demuestran su conocimiento cuando suman o restan hasta el 5.	Unidad 3 Lecciones 4, 5, 6, 7, 12, 14, 18, 19; Unidad 4 Lecciones 3, 12, 15, 17; Unidad 5 Lecciones 7, 10

K.PVO Valor posicional y operaciones		
K.PVO.1	Usan objetos o imágenes u otras estrategias para componer y descomponer números en decenas y unidades para números del 11 al 19, luego anotan el resultado mediante un dibujo o ecuación, por ejemplo, 10 + 5 = 15 y 15 = 5 + 10; comprenden que los números del 11 al 19 están compuestos por un grupo de 10 unidades más 1 a 9 unidades más.	Unidad 2 Lección 10; Unidad 3 Lecciones 2, 3, 5, 6, 8, 13, 15, 17, 18, 19, 20; Unidad 4 Lecciones 3, 5, 7, 10, 12, 16, 18, 20; Unidad 5 Lecciones 1, 2. 3, 4, 5, 6, 7, 9, 10, 11, 15, 17, 18, 19, 20, 23

K.MDA Medición y análisis de datos		
K.MDA.1	Describen y comparan los atributos de objetos de la vida real, mediante el uso de conceptos de medición como la longitud, área, peso y capacidad. Usan los conceptos de medición para describir varios atributos diferentes de un objeto.	Unidad 5 Lecciones 21, 22, 23
K.MDA.2	Comparan y ordenan directamente dos o tres objetos que tienen un atributo de medición en común (como la longitud) para saber cuál tiene más o menos del atributo; describen sus diferencias.	Unidad 5 Lecciones 21, 22, 23
K.MDA.3	Clasifican objetos por categorías como forma, tamaño, color y grosor. Cuentan el número en cada categoría, luego organizan las categorías por grupos con los mismos números. Identifican objetos que no pertenecen a un grupo en particular y explican su razonamiento.	Unidad 1 Lección 10; Unidad 2 Lecciones 13, 17; Unidad 3 Lecciones 10, 12, 21; Unidad 4 Lecciones 1, 9, 22
K.MDA.4	Estudian las monedas (de 1¢, 5¢, 10¢ y 25¢) y comienzan a identificar las monedas de 1¢ y las de 10¢.	Unidad 1 Lección 13; Unidad 2 Lección 15; Unidad 3 Lección 8; Unidad 5 Lección 8

K.GSR Geometría y razonamiento espacial		
K.GSR.1	Describen objetos comunes mediante el uso del nombre de figuras geométricas; describen la posición relativa de objetos mediante el uso de términos como *encima, debajo, al lado, en frente de, detrás de, al lado de* y *entre.*	Unidad 1 Lecciones 8, 10, 18; Unidad 2 Lecciones 13, 17, 20: Unidad 3 Lecciones 10, 12, 21; Unidad 4 Lecciones 9, 14, 21, 22
K.GSR.2	Usan el nombre correcto de las figuras geométricas en diferentes posiciones y de diferentes tamaños.	Unidad 1 Lecciones 8, 10, 15, 16, 18; Unidad 2 Lecciones 13, 16, 17, 20: Unidad 3 Lecciones 9, 10, 12, 21; Unidad 4 Lecciones 9, 14, 21, 22
K.GSR.3	Hallan e identifican figuras geométricas bidimensionales y tridimensionales; reconocen que una figura plana es bidimensional (sobre un plano) y una figura sólida es tridimensional (que ocupa un espacio).	Unidad 1 Lecciones 8, 10, 18; Unidad 2 Lección 13; Unidad 4 Lecciones 9, 14, 21
K.GSR.4	Analizan y comparan figuras bidimensionales y tridimensionales de diferentes tamaños y posiciones; usan lenguaje cotidiano para describir cómo se asemejan o diferencian, cuántas partes tienen (por ejemplo, lados, esquinas o vértices) entre otros atributos, como las longitudes de sus lados.	Unidad 1 Lecciones 8, 10, 16, 18; Unidad 2 Lecciones 13, 17, 20; Unidad 3 Lecciones 10, 21; Unidad 4 Lecciones 9, 14, 21, 22
K.GSR.5	Elaboran modelos de figuras de la vida real por medio de dibujos o de figuras hechas con bloques, palitos, arcilla o plastilina y otros materiales.	Unidad 1 Lección 10; Unidad 3 Lección 9; Unidad 4 Lecciones 9, 21
K.GSR.6	Forman figuras geométricas compuestas al combinar otras figuras sencillas.	Unidad 3 Lección 9; Unidad 4 Lección 21; Unidad 5 Lección 13
K.GSR.7	Identifican, crean, completan y extienden patrones simples usando figuras, colores, tamaños, números, sonidos y movimientos. Los patrones se pueden repetir, aumentar o disminuir como ABB, ABB, ABB o •,••,•••.	Unidad 1 Lecciones 15, 16; Unidad 2 Lecciones 14, 16

MPP1	
Resolución de problemas	Unidad 1 Lecciones 8, 9, 10, 15, 16, 18 Unidad 2 Lecciones 1, 3, 5, 6, 8, 10, 13, 14, 15, 16, 17, 20 Unidad 3 Lecciones 1, 4, 7, 12, 16, 21 Unidad 4 Lecciones 2, 3, 4, 5, 6, 9, 10, 12, 14, 15, 21, 22 Unidad 5 Lecciones 1, 2, 4, 5, 10, 15, 16, 21, 22, 23
MPP2	
Razonamiento abstracto y cuantitativo	Unidad 1 Lecciones 6, 11, 13, 14, 15, 16, 18 Unidad 2 Lecciones 2, 9, 20 Unidad 3 Lecciones 1, 3, 4, 10, 11, 12, 14, 21 Unidad 4 Lecciones 1, 2, 4, 5, 6, 7, 9, 12, 16, 17, 18, 19, 22 Unidad 5 Lecciones 5, 7, 15, 17, 18, 20, 23
MPP3	
Aplicación y evaluación del razonamiento lógico	Unidad 1 Lecciones 1, 2, 3, 4, 5, 6, 8, 9, 10, 11, 12, 14, 15, 17, 18 Unidad 2 Lecciones 1, 2, 3, 4, 5, 6, 7, 8, 9, 10, 11, 12, 13, 14, 15, 16, 17, 18, 19, 20 Unidad 3 Lecciones 1, 2, 3, 4, 5, 6, 7, 8, 9, 10, 11, 12, 13, 14, 15, 16, 17, 18, 19, 20, 21 Unidad 4 Lecciones 1, 2, 3, 4, 5, 7, 8, 9, 10, 11, 12, 13, 14, 15, 16, 17, 18, 19, 21, 22 Unidad 5 Lecciones 1, 2, 3, 4, 5, 6, 7, 8, 9, 10, 11, 12, 13, 14, 15, 16, 17, 18, 19, 20, 21, 22, 23
MPP4	
Modelos matemáticos	Unidad 1 Lecciones 1, 2, 3, 5, 8, 9, 11, 12, 13, 14, 16, 17, 18 Unidad 2 Lecciones 10, 11, 12, 14, 16, 19, 20 Unidad 3 Lecciones 1, 4, 7, 21 Unidad 4 Lecciones 2, 4, 6, 8, 12, 14, 20, 21, 22 Unidad 5 Lecciones 3, 4, 5, 6, 7, 9, 10, 12, 13, 19, 21, 23

MPP5	
Utilización de recursos matemáticos	Unidad 1 Lecciones, 14, 18 Unidad 2 Lecciones 4, 9, 15, 19, 20 Unidad 3 Lecciones 5, 8, 9, 13, 20, 21 Unidad 4 Lecciones 5, 7, 9, 14, 20, 21, 22 Unidad 5 Lecciones 5, 6, 10, 19, 21, 23
MPP6	
Utilización de lenguaje matemático exacto	Unidad 1 Lecciones 1, 2, 3, 4, 5, 6, 7, 8, 9, 10, 11, 12, 13, 14, 15, 16, 17, 18 Unidad 2 Lecciones 1, 2, 3, 4, 5, 6, 7, 8, 9, 10, 11, 12, 13, 14, 15, 16, 17, 18, 19, 20 Unidad 3 Lecciones 1, 2, 3, 4, 5, 6, 8, 9, 10, 11, 12, 13, 14, 15, 16, 17, 18, 19, 20, 21 Unidad 4 Lecciones 1, 2, 3, 4, 5, 7, 8, 9, 10, 11, 12, 13, 14, 15, 16, 17, 18, 19, 20, 21, 22 Unidad 5 Lecciones 1, 2, 3, 4, 5, 6, 7, 8, 9, 10, 11, 12, 13, 14, 15, 16, 17, 18, 19, 20, 21, 22, 23
MPP7	
Ver la estructura	Unidad 1 Lecciones 1, 4, 5, 6, 7, 8, 9, 10, 13, 15, 16, 17, 18 Unidad 2 Lecciones 2, 3, 4, 5, 7, 8, 12, 13, 14, 15, 16, 17, 20 Unidad 3 Lecciones 2, 5, 6, 7, 8, 9, 10, 11, 15, 16, 17, 21 Unidad 4 Lecciones 1, 2, 4, 5, 6, 7, 8, 9, 11, 12, 13, 14, 15, 16, 20, 21, 22 Unidad 5 Lecciones 3, 6, 7, 8, 9, 11, 13, 14, 15, 17, 18, 20, 23
MPP8	
Generalización	Unidad 1 Lecciones 4, 7, 10, 11, 14, 15, 16, 17, 18 Unidad 2 Lecciones 14, 16, 19, 20 Unidad 3 Lecciones 4, 5, 6, 7, 8, 9, 10, 12, 13, 14, 15, 17, 18, 19, 20, 21 Unidad 4 Lecciones 5, 6, 7, 9, 13, 15, 22 Unidad 5 Lecciones 15, 16, 17, 18, 20, 23

A

B

C

Índice

D

Sé un ilustrador

Ilustrador: Josh Brill

¿Alguna vez has intentado usar figuras para dibujar animales como el caballito de mar en la portada?

En los últimos 10 años, Josh ha usado figuras geométricas para diseñar sus animales. Su objetivo es hacer diseños que sean sencillos y usar color para que sean atractivos.

Añade color a este caballito de mar dibujado por Josh. Luego intenta dibujar un gato, un perro o algún otro animal con las figuras que ves abajo.

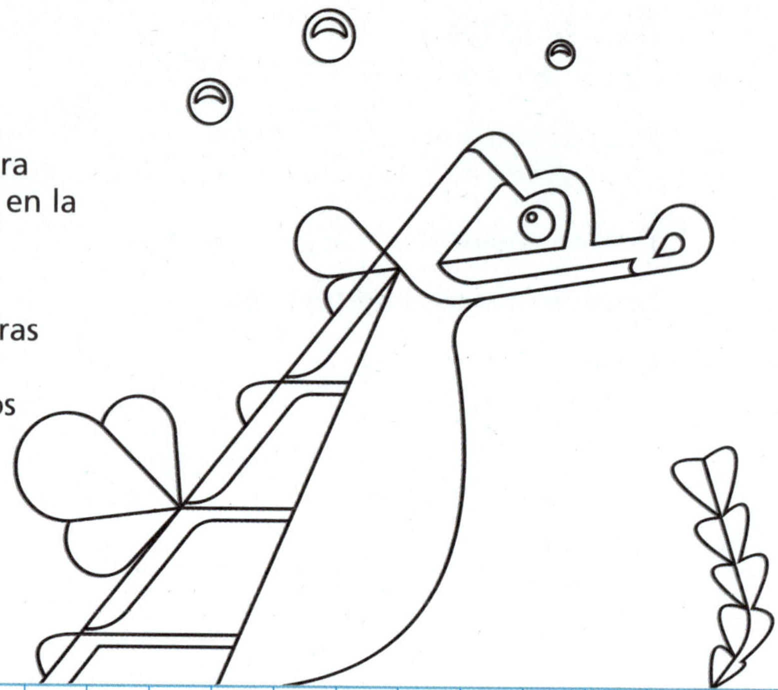

Caja de figuras

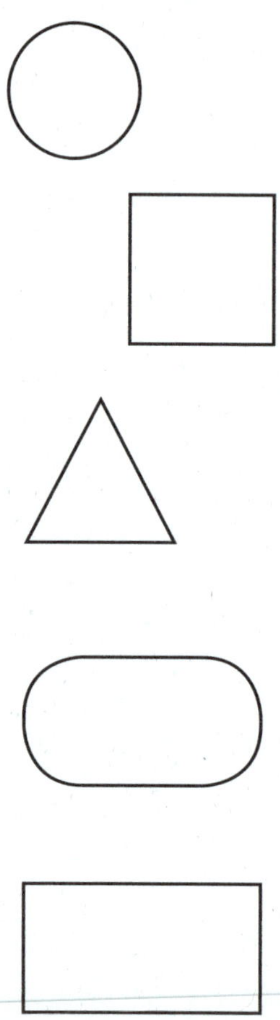